51
Mind Changes
for
Happy
Management

佐治邦彦
Saji Kunihiko

あなたの意識を変革する51のマインドチェンジ術

幸せな経営

一世一代のマインドチェンジを実行する

ザメディアジョン

幸せな経営

一世一代のマインドチェンジを実行する

はじめに

この本を手に取っていただき、ありがとうございます。佐治邦彦と申します。私は中小企業の経営者をサポートする経営戦略コンサルタントとして、日々多くの経営者の悩みや課題に向き合っています。この本では主に、経営者の皆さんが抱える問題を解決し、会社をより良くするためのマインドチェンジとロジックをわかりやすく解説しています。

いまの時代は、変化が激しく、先が読めないことばかりです。10年以上会社を経営するベテラン経営者ほど「このままでいいのか？」と悩み、不安やストレスを抱えています。思い通りにいかない日々が続くと、自分の経営に自信をなくし、会社の将来に希望を持てなくなることもあるでしょう。実際、海外の調査によると、経営者の約半分が心の問題を抱えていると言われています。

ですが、そんな時代でも、前向きに未来を切り開いている経営者もいます。彼らに共通しているのは、「考え方を変える力」と「行動を起こす勇気」です。この本では、幸せな経営を実現するために、何をどう考え、どのように行動すればいいのかを具体的にお伝えします。

「考え方を変えること」が未来を変える

経営者が会社を成長させるために、まず必要なのは「考え方を変える」ことです。これを「マインドチェンジ」と呼ぶこともあります。どんなに素晴らしいアイデアや戦略があっても、経営者自身が変わらなければ、会社も変わりません。

これまで私は、「今のやり方でなんとかなる」と考え、変化を恐れる経営者をたくさん見てきました。ですが、そうした姿勢では、悩みが解決することはありません。一方で、自分の考えを見直し、勇気を持って新しい行動を起こした経営者は、会社を大きく成長させることができています。

たとえば、社員やお客様を大切にする事を優先する経営から、自分を大切にする事を優先する経営へと切り替えた企業では、結果的に大きな利益を得られるようになっています。このような成功例を具体的に交えながら、この本では幸せな経営を実現するためのヒントをお伝えしていきます。

また、この本では、随所に皆さんへの「問い」を差し込んでいます。少し強めの口調ではありますが、この問いに真摯に向き合うこが皆さんのマインドチェンジにつながると信じ記します。時に、目を背けたくような「問い」もあるかもしれません。しかし、勇気と覚悟を持ってそこに向き合い、真のマインドチェンジに繋げてほしいと思っています。

幸せな経営とは、周りも幸せにする経営

経営者が幸せであれば、その影響は社員やお客様、取引先、家族にまで広がります。逆に、経営者が不安や孤独を感じていると、周りの人たちにも悪い影響を及ぼしてしまいます。

「幸せな経営」とは、経営者自身がワクワクと楽しみながら仕事をすることから始まります。それは決して夢物語ではありません。

幸せな経営を実現するために、「社員がやる気を持って働ける職場をどう作るか」「売上だけでなく利益を最大化するためのコツ」「顧客に喜ばれ、長く愛される会社の作り方」など、実践的な内容を詳しく紹介しています。

この本を最後まで読んでほしい理由

この本は、「精神論」だけで終わるものではありません。具体的なロジックが数多く盛り込まれており、誰でも実践できる内容になっています。

たとえば、「社員のモチベーションを高める仕組み」「限られたリソースで利益

を上げる方法」「市場の変化に対応する戦略」など、幸せな経営を実現するための実践的なステップが詰まっています。

さらに、いまは「風の時代」と呼ばれ、これまでの常識が通用しにくい時代です。しかし、正しい考え方と行動を身につければ、この変化の多い時代をチャンスに変えることができます。この本を最後まで読むことで、風の時代を乗り越え、成功を掴むための新しい視点や考え方が得られるはずです。

例え、仕事で成功しても経営者が幸せでなければ意味がありません。まずはあなた自身が幸せになりましょう。そして、経営者として、ワクワクと楽しみながら会社を成長させ、周りの人々も幸せにする——そんな「幸せな経営」を目指してみませんか？　この本が、あなたの新たな挑戦の一歩となれば嬉しいです。一緒に、幸せな経営を実現する道を歩んでいきましょう！

佐治邦彦

目次

第2章

「規模拡大の経営」から「幸せな経営」へ
――時代の変化に適応するための経営者のマインドチェンジ

第3章

私もかつては「幸せな経営者」ではなかった
――どうして私はマインドチェンジするに至ったのか?

第4章 今、ミッション経営が求められる理由 ――ミッション経営を知るための11項目

第5章

幸せになっていった経営者たち
――ミッション経営導入による4つの成功例

第6章

ありのままの自分で社会に貢献する
——幸せな経営者になるために贈る3つのメッセージ——241

第1章

どうして社長業はこんなに苦しいのか？

8割の経営者が不幸な経営に陥る5つの思い込み

「社長＝偉い＝お金持ち＝幸せ」は本当か？

経営者のみなさん、今社長をしていて幸せですか？

代表取締役社長という肩書を見て「すごいですね」「立派ですね」と言われたり、口にこそ出さないまでも「お金持ちなんだろうな」とか「偉い人なんだろうな」という視線を向けられたり。世の中ではいまだに「社長＝偉い＝お金持ち」といったイメージが強く、会社を経営している時点で〝幸せな人〟と見られることも多いと思います。

しかしあなたは今、会社を経営していて本当に幸せを感じていますか？

社長という自分の役割を受け入れて、「これが自分のやりたかったことなんだ」と自信を持って言えますか？

私がそんなことを言うのは、これまで30年以上にわたってさまざまな企業を支援してきて、**「この人は本当に幸せそうだな」と思える経営者が非常に少なかった**ことにあります。

私はコンサルティング業を営んでいるため、私の会社を訪れる経営者はそもそも何かしらの問題を抱えていますが、それにしても代表取締役社長を務める彼らは〝幸せそう〟というよりむしろ逆の〝苦しそう〟なケースが多く、さまざまな不安やストレスに囲まれ、世間のイメージとは真反対の、きつくしんどいイバラの道を歩いている方が多いように感じられます。

いったいどうしてそんなことになってしまうのでしょう。自分のやりたいことを自分のやりたいようにやれるのが社長のはずなのに、それがどうして不幸になるのか――一般の方は不思議に思われるかもしれませんが、同じ社長業をされている方なら「そうだよ、その通り」と納得してくださる方もたくさんいらっしゃると思います。

そうなんだよね、社長ってそんなにラクじゃないんだよ。社員を食わせていくために会社の業績をいつも気にしてないといけないし、部下に相談できないこともたくさんあって常に孤独な立場だし……。

ただし、今回はそういった一般論を言いたいわけではありません。

いわゆる最終意思決定者としての社長の孤独という面以外でも、幸福感を感じられない社長さんは近年ますます数を増やしているように思います。私はコンサルティング業を営む中、相談にやってくるお客様のマインドが、ここ数年**ひどく似通った〝不幸の傾向〟を抱えている**ことに気づきました。

時代の変化を象徴する「土の時代→風の時代」

それは時代の変化と関係があるかもしれません。

2000年以降、**社会は「土の時代」から「風の時代」に変化した**と言われます。以前までの土の時代と、現在私たちが生きている風の時代には次のような違いがあります。

	土の時代	風の時代
価値観	お金、物質	情報、体験、人脈
所有形態	所有、蓄積	シェア、循環
移動性	固定、安定	移動、流動
個人の姿勢	出る杭は打たれる	個性を出さないと埋もれる
労働形態	組織、社会が中心	個人、フリーランスが中心
人間関係	縦のつながり	横のつながり
仕事の進め方	自分で頑張る	協力する
考え方	意識、既成概念	自由な発想、フレキシブル

こうした変化は日本経済を巡る状況とも関連しています。

高度経済成長からバブル経済へと至る好景気の時代、日本は1990年頃までは、国内人口はもちろん、働き手の給与も会社の売り上げも土地の値段もすべてが右肩上がりで、サラリーマンの大半が年功序列の終身雇用、「赤信号みんなで渡れば怖くない」を地でいくような集団主義が幅を利かせていました。**とりあえず出しゃばったことをせず、国や会社など大きな組織に身を任せておけば大丈夫**といった風潮が支配的でした。まさにドッシリしていてゆるぎない、土の時代が続いていたわけです。

しかしそれが「失われた30年」を経て徐々に変質していきます。

その間、リーマンショックや東日本大震災、アメリカ同時多発テロなど、予期せぬ出来事が次々と起こりました。大手企業の倒産も当たり前になり、終身雇用も破綻しました。**先行き不透明な時代に信頼できる組織などどこにもない**――既存の価値観の崩壊は自己責任論と結びつき、人々の個人主義を加速させていきます。

また、そういった潮流を後押ししたのがインターネットを中心とするデジタル世界の到来でした。SNSなどを通じて個と個がゆるやかにつながる時代、ノマドワーカーと呼ばれる場所を問わない働き方が流行するなど、風の時代と呼ばれるにふさわしい空気が着実に醸成されていきます。

「物質的な豊かさ」から「精神的な豊かさ」へ

それぞれの時代で人々が感じる幸福感も変化しました。

安定した社会構造や伝統的な価値観が強調されていた土の時代は、物質的な豊かさが重視されていました。この時代の幸福は、経済的な成功や社会的な地位が大きなウェイトを占めていました。

一方の風の時代は、新しいアイデアや革新的なテクノロジーが広がり、社会の様相が変化しやすい時代です。めまぐるしく変わる社会の中では心の安定や精神的な充足感、人間関係の充実が意識されるようになってきました。

つまり簡単に言えば、**日本は「物質的な豊かさ」がフォーカスされる時代から「精神的な豊かさ」や「内面の満足感」がフォーカスされる時代へと移行している**のです。

さらに、以前であれば「社長という立場に就いていること」「お金をたくさん儲けていること」がイコール幸福感に結びついたのかもしれませんが、今は「それであなたは幸せになったんですか？」という問いが付け加えられるようになりました。「社長であること」「お金があること」がそのまま「幸せであること」に直結する〝肩書の時代〟は終わり、「で、あなたは今、幸せですか？」という内面の充実が問われるようになったのです。

言うまでもなく、社長だから幸せ、お金持ちだから幸せ、というわけではありません。肩書もお金も、人が幸せになるための道具であり手段のひとつにすぎません。確かにお金に関しては、ないよりあった方が幸福なように見えますが、必ずしもそうとは言い切れません。

年収800万円までは年収に応じて幸福度は上がっていくけど、それ以上はむしろ下がっていくという話を聞いたことがある人もいるでしょう。年収800万円の人の方が年収1000万円の人よりも幸福ということになると、「お金をたくさん持っている方が幸せ」という公式は成り立たなくなります。

このような変化は新型コロナウイルスの流行以降、さらに顕著になってきたように感じます。

土の時代、風の時代という概念は占星術などの文脈で語られるトピックであり、科学的な根拠はありません。しかし時代を捉えるひとつのキーワードとして参考にする価値は十分にあると思います。

私は経営者、および経営戦略コンサルタントとして30年以上、社会や経済と向き合ってきましたが、このような時代の変化は実際に肌で感じています。

危機に立たされているベテラン経営者

人々が感じる幸福感と同時に、経済活動の中身も変化しています。

最近の顧客は、高品質でリーズナブルな商品・サービスばかりを選ぶのではなく、社会貢献や環境保護、倫理的なビジネスに取り組む企業の商品・サービスを積極的に選択するようになっています。「エシカル消費」という言葉も普通に聞かれるようになりました。

自身の消費行動が社会や環境によい影響をもたらすことに、喜びや満足を感じるのが現代の消費者の特徴です。

また、仕事の選び方も変わりました。若い世代の労働者は、給与や待遇がよいという理由だけで就職先を選ぶことが少なくなっています。それよりも**自己成長を感じられる会社、ワークライフバランスのとれた会社、社会的意義の大きいビジネスを展開している会社に就職し、自分が納得できる仕事をしたい**と考えています。

消費者は値段が安ければ安いほど喜ぶはず。労働者は給料が高ければ高いほど喜ぶはず……もはやそれは当たり前ではありません。〝常識〟はすでにアップデートを遂げていて、新しいカタチへと進化しています。

こうした時代の流れに気づかない経営者が数多くいます。

旧来の規模拡大主義から抜け出せない経営者、終身雇用や年功序列といったすでに失われた旧弊に支配されたままの経営者、待遇さえよくすれば人はいくらでも集まると過信している経営者……などです。

不確実性の高い時代、経営者は時代の変化に合わせて仕事のあり方、会社の目的を見直さなければ、いつの間にか世の中からズレていき、気が付けば手遅れということになってしまいます。今は変化を受け入れる柔軟さと、新たな着眼点で事業を見つめ直す勇気が求められる時代です。

もっと率直に言ってしまえば、**今そのような危機に立たされているのは40代、50代以上のベテランの経営者の方が中心**です。

これまでやってきたやり方が通用しなくなっている。これまでの昭和的価値観が限界を迎え、新たな状況を受け入れなければならないのに、どう変化していいかわからない。マインドチェンジをするためのきっかけがなかなか持てない……。

ここ数年、私のところに駆け込んでくるのはそんな経営者の方ばかりです。

彼らはダイナミックな時代の変化に付いていけず、途方に暮れてしまっている状態なのです。

MIND
▾
CHANGE
01

「土の時代」から「風の時代」へ。時代の変化に気づいているか?

経営者の前に立ちはだかる3つの壁

ベテラン経営者が事業転換の波に乗り遅れ、不幸せな経営に陥ってしまっている現実には明快な理由があります。

私は経営者には3つの壁が存在すると考えています。**「知識の壁」「意識の壁」「構造の壁」**、その3つです。

最初にぶつかるのは「知識の壁」です。新人経営者は最初、経営に関する知識や経験の不足に苦労します。しかしこの壁を乗り越えるのはそう難しくありません。経営経験を積むことや経営に関する勉強（研修やセミナーの受講、読書など）の機会を持つことで知識やノウハウを身につけていけば、やがて壁は乗り越えられます。

■経営者に立ちはだかる3つの壁

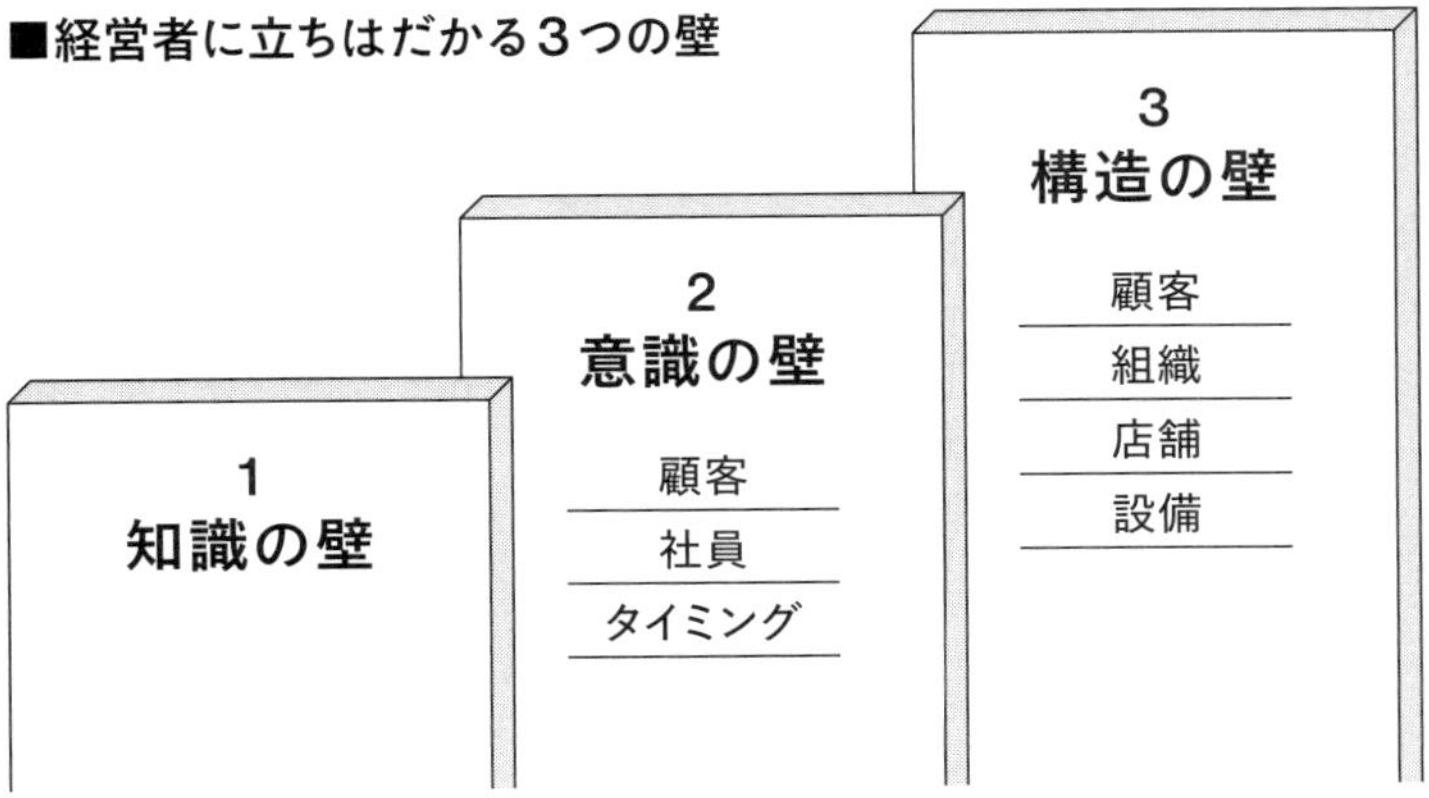

おそらく本書を読んでいる経営者のみなさんは、この壁はすでに乗り越えて、次の段階にいるのではないでしょうか。

経営者が次にぶつかるのが「意識の壁」です。社長になって10年程度のベテラン経営者は必ずこの壁に突き当たります。

意識の壁は、過去の失敗や困難な経験をきっかけに立ち上がってくるもので、経営者のビジョンや意欲を薄れさせる傾向があります。

誰もが創業したばかりの頃、あるいは事業を承継したばかりの頃は大きな夢やビジョンを持っています。しかし、経営をはじめて10年近く経つと、当初はフレッシュだった熱意ややる気は次第に薄れていってしまいます。

さらに、彼らは10年の間に、急激な売り上げ減少や資金難に頭を抱えたり、社員に離職を告げられて自分の力不足を実感したり、顧客や取引先とのトラブルに見舞われたりなど、さまざまな苦い想いを経験します。こうした経験を重ねることで、**経営者は自分の理想の追求よりもリスクの回避に焦点を当てるようになります**。

たとえば優良な顧客よりも、頻繁にクレームをつけてくる面倒な顧客に重点的に対処してしまう。社員がヒマになる時間をなくすため、なるべく顧客の多様なニーズに応えようとしてしまう……。

それは言い換えれば、一度痛い目に遭ったことで、経営に対する意識が〝守り〟に入ってしまったのです。前向きな〝攻め〟のモードで組織の成長や顧客満足、社員満足を追求するのではなく、いかにして目の前のリスクや不安を回避するかに囚われてしまうのがベテラン経営者が陥りがちな「意識の壁」です。彼らは中途半端に経営を知り、酸いも甘いも経験したことで、**創業当時の目的を忘れ、〝今そこにある危機〟に対処することだけに神経を集中**してしまったのです。

経営者が「意識の壁」にぶつかり、自分の不安を解消するためだけに行動を続けたら、社員はどう感じるでしょう。「希望が見えない会社だ」「この会社にいても不安ばかりだ」……そう感じてしまうことでしょう。

年配経営者がぶつかる意識の壁、構造の壁

3つめの壁は「構造の壁」です。

経営者は仕事が忙しくなると、人手不足や設備投資、新規事業といった経営判断が必要な局面で、熟考することなく安易な解決策を選んでしまう傾向にあります。しかし、こう

した場当たり的な決断は、結果として経営の構造的な問題を引き起こしてしまいます。たとえば、急いで採用した人材が会社の方針とマッチせずに社内で不満分子となってしまったり、しっかり調査することなく出店した場所が数年後に過当競争の舞台になってしまったりします。なかば思いつきで新しい設備を導入しても、使いこなして収益化に至る前に陳腐化してしまうこともあるでしょう。流行に流されて新規事業に参入し、すぐにブームが終わってしまい、多大な借金だけが残されたということもあるかもしれません。

余計な人材、余計な事業、不良債権となった投資に活用されることのない設備……戦略的な検討をすることなく思いつきの投資を続けていれば、会社が儲からない構造になることは当然です。**投資判断でミスしているのに、その一方で売り上げを上げることにあくせくしている**という矛盾を抱えた経営者は数多くいます。

これらの壁を克服するには、まず経営者が「自分はどの壁に立ち向かっているのか」を認識することが必要です。自分の前にあるのは、知識の壁なのか、意識の壁なのか、構造の壁なのか……それを把握することで適切な対策が可能になります。

知識の壁の前に立っている場合は、経験や知識を身につけることで問題は解決に向かいます。現代は書籍やインターネットなど、簡単にノウハウが手に入る時代です。集めたノウハウをビジネスの現場で実際に試し、経験を積み重ねることで自分の血肉になります。意識の壁の前に立っている経営者は、自身の着眼点を変える必要があります。それと同時に自分や会社のミッション、価値観を再確認することが必要です。ミッションに沿って高い視座から問題を捉えることで、これまでと違う経営判断ができるはずです。

構造の壁の前に立っている経営者は、意識の壁と同様、自身のミッションを改めて明確にし、戦略的な視点から会社の経営を見直す必要があります。そして将来の成長や競争力を確保するための計画的な投資を行うことが大切です。

本書がターゲットにしているのは、まさにこの意識の壁、構造の壁の前で立ちすくんでいる方々です。先ほど私が、ベテラン経営者の方が不幸な経営の危機に直面していると書いたのは、まさにこうした理由からです。逆に言えば新米経営者の方は問題が自らの未熟さにあるだけで、〝不幸のワナ〟にはまだ囚われていないのです。

すでに会社経営者として10年近くの経験を積み、それなりの知識やノウハウを持っているはずなのに、どうして彼らは不幸な経営に陥ってしまうのでしょう?

それは多くの経営者が会社運営を続けていく中で、知らず知らずのうちに自ら幸福を手放してしまう、間違った〝思い込み〟を身につけてしまったからに他なりません。

MIND
▾
CHANGE
02

10年以上経営をして、間違った〝思い込み〟に蝕《むしば》まれていないか？

「第一に追求すべきは顧客満足」という思い込みから生まれる不幸

ではベテラン経営者が陥りがちな、自分を不幸にしてしまう思い込みにはどんなものがあるのでしょう？

「ビジネスを成功させるために日々奮闘しているのに、なぜかうまくいかない……」

「経営のセオリーに従っているはずなのに、ちっとも成功に結びつかない……」

そういった不満は、誤った思い込みや勘違いが原因になっていることがほとんどです。ここからはコンサルタントの仕事を通じて私が頻繁に見かけた、**経営者が陥りがちな思い込み**がどのような事態を引き起こし、結果として「不幸な経営」を実現しているのか5つの事例で解説します。

経営者を不幸にする思い込みの1つめは、「経営者が第一に追求すべきは顧客満足だ」というものです。

これに関しては、「それの何が間違ってるの？」「そんなの当たり前じゃないか」と思われる方もかなり多いのではないでしょうか。

実際、顧客満足を追求することは企業が成長したり競争力を高めたりするために必要なものです。顧客満足を追求することでお客様からの評判は上がり、クチコミによって宣伝効果も高まります。どんな経営論の本をめくっても「お客様をないがしろにしていい」「顧客の満足感を軽んじていい」と書かれているものはひとつもありません。

しかし、**顧客満足を追求するあまり、安売りや過剰なサービスに走ることには気をつけなければなりません。**

同じ商品・サービスをより安い価格で提供することが顧客満足を上げる有効な手段であることは間違いありません。とはいえ、過度に安い価格を設定してしまうと、サービスの再現性を保つことが難しくなります。

特にキャンペーンなどで安売りをした場合、一時的に顧客数は増えますが、それに伴って大量の顧客への対応が必要になり、サービスの品質は低下します。結果として顧客が期待する水準を満たせなくなり、お客様に「裏切られた」と感じさせてしまう事態がたびたび起こります。

中でも店舗型ビジネスでは、安価な商品やサービスが客層を悪化させるという事態が起こりがちです。顧客サービスのつもりで安価な商品やサービスの導入を熱心に行うと、店に来るのは価格のみを重視した客層が中心になります。顧客に対するサービスのはずだった値引きや格安商品が、それ自体が目的となり、クローズアップされて独り歩きをはじめるのです。

このような顧客が主流になると、店の雰囲気は変わります。「とにかく安ければいい」「安い商品を手に入れたい」という空気が店内に充満します。それは「お金はちゃんと支払うから高品質なサービスを受けたい」と思っているお客様に居心地の悪い想いを感じさせることにつながります。

こうなってしまうと店の品質を気に入ってくれていた良質なお客様は離れていき、評判やブランドイメージに悪影響を及ぼします。結果として残ったのは、安価であることのみをよしとする客単価の低いお客様だけになります。

つまり、**安売りサービスは一部の顧客の満足度は高めるかもしれませんが、別の顧客の満足度を低下させてしまう**のです。安売りは実は「諸刃の剣」であり、それを実行することで誰の満足度を上げて、誰の満足度を下げてしまうのか、そのことをよく理解した上でサービスを実行することが大事になります。

MIND
▼
CHANGE
03

そのサービスは本当に顧客を満足させるものか?

顧客が本当に求めているのはムラのないサービス

「顧客のために」と思ってはじめた安売りサービスが、逆に顧客満足を低下させてしまうというのは珍しい現象ではありません。

それは過剰なサービスについても同様です。あらかじめ約束された範囲を超えるサービスを提供すれば、一時的にお客様の満足は得られるかもしれません。しかし裏を返せば、その**高品質なサービスが提供できなかった場合、お客様は不満足を感じてしまう**のではないでしょうか。

たとえば一人の優秀なスタッフがお客様のためを思って、マニュアルに載っていない丁寧なサービスを提供したとします。サービスを提供されたお客様は喜ぶことでしょう。

しかし、他のスタッフは彼と同様のサービスができるわけではありません。特に忙しい時期は必要最低限のサービスしかできないことがあります。そうなるとスタッフによって、あるいは時期によって、サービスの内容にばらつきが生じることになってしまいます。

つまり、仕事熱心な一人のスタッフが行った〝プレミアム・サービス〟は、一部の顧客の満足度には貢献するかもしれませんが、サービスの提供に不公平をもたらし、むしろ多くの顧客に不満を抱かせる原因になってしまうのです。

これはよく勘違いされることですが、顧客は質の低いサービスに不満を抱くのではありません。**期待しているものが提供されないこと、一貫性のないサービスにこそ不満を感じる**ものなのです。

これまで説明した内容を、具体的な例で見てみましょう。

私が相談を受けたある仕出し会社では、次のような問題が起こっていました。

その会社には一人の優秀な配達員がいました。彼は非常に気が利く人で、仕出し弁当を配達先に届けるだけでなく、弁当の温めや配膳を手伝ったり、容器回収の際には会場の後片付けにも手を貸したりと、自ら進んで無料サービスを提供していました。

当然お客様は喜びますが、それはその配達員があくまで個人として好意でやっていることです。他の配達員が同じようなサービスをしているわけではないし、会社のサービスにそれらが含まれているわけでもありません。

一人の配達員が独自に提供している過剰なサービスが会社の標準サービスとして捉えられてしまうと、他の社員は仕事がやりづらくなります。標準的なサービスを問題なく提供しているのに、お客様からクレームや低評価を受けることになるからです。

また、優秀な配達員にしても、1日に何件も配達が入っていて忙しい場合、毎回丁寧なサービスができるわけではありません。そうなると、忙しい日とそうでない日でサービスにムラが生まれることになります。

お客様からすると、同じ店の同じ配達員なのに、配膳や片付けを手伝ってくれる時もあればそうでない時もあることで、「あの会社のサービスにはばらつきがある」「前回は手伝ってくれたのに、今日は何もやってくれなかった」と不満を感じるようになります。

そうした例は他の会社でもよくあることです。

たとえばある印刷会社は、閑散期になると通常より短い納期で印刷物を納品していました。「1日でも早く納品すればお客様は喜ぶだろう」と考えたからです。確かにお客様にとってはありがたい話ですが、そんな特別サービスが何度も続けば標準サービスと捉えられるようになります。繁忙期であっても短納期を期待されるようになります。

しかし、繁忙期は納期の調整ができず、通常納期で印刷物を納めることになります。その結果、ちゃんとしたサービスを提供しているのに不満やクレームにつながるということが起こってしまいます。

これらはわかりやすい例ですが、**実際の現場では思わず見過ごしてしまいそうなほど小規模な安売りや過剰なサービスが、社員の無意識によって行われています。**

これらはすべて「**社員が良かれと思って提供してきたサービスが、長期的な問題を引き起こす**」という話にまとめることができます。

彼らは悪気があってそれをやっているわけではありません。むしろお客様に喜んでいただきたい、お客様の利益に貢献したいと純粋に思ってやっているだけなのに、結果としてそれがサービスの不平等につながって、お客様の不利益を生んでしまう……それは皮肉な話かもしれませんが、しかしそこから目を背けてはいけません。

とにかく目の前のお客様にできる限りのサービスを提供する、顧客第一主義を盲目的かつ徹底的に突き詰めていけば万事ＯＫ――これらは昭和時代に通用した旧来の価値観の延長線上にあるものです。そうした時代遅れの思い込みが、実は会社の業務内容を混乱させ、顧客にとってはむしろ迷惑になっているという事実を今すぐ認識する必要があります。

MIND
▼
CHANGE
04

顧客は本当に安売りや過剰サービスを求めているのか？

社員満足への思い込みから生まれる不幸

2つめの思い込みは、「社員の満足度を向上させれば社員は会社に定着するはず」というものです。

特に現代は少子化によって、労働市場は空前の売り手市場となっています。従業員を採用するなんてそう簡単にはできないし、せっかく採用した社員に次々と辞めてもらっては困ります。

そうした想いから、必死になって社員満足を向上させようとしている経営者が数多くいらっしゃいます。いや、むしろ**今の経営者は、なんとか従業員に会社に留まってもらおうと、ビクビクしながら彼らの顔色を窺っている人がほとんど**なのではないでしょうか。

一般的に社員満足を向上させるには、待遇面を改善することが効果的だと考えられています。それゆえ多くの経営者がこの方法を採用し、賃金を上げたり福利厚生を充実させたりして社員をつなぎとめようとしています。他にも手当の充実、特別休暇の導入、ノー残業デーの設定など、さまざまな工夫を凝らしている企業も多いことでしょう。「働き方改革」の名の下に、リモート勤務や時短勤務など多様な働き方を許容する企業も増えています。

確かにこれらの取り組みは一時的には社員の満足度を高めるでしょう。しかしこれが根本的な解決になってないことを理解するべきです。それどころか長期的観点で見ると、こうした節操のない待遇改善は問題を悪化させることにつながります。

それはなぜでしょう？

待遇面の改善によって社員の満足度は一時的には向上することでしょう。しかしその一方で、人はどんな状況にも慣れる生き物です。**社員はその待遇に徐々に慣れていき、やがて満足感を感じなくなります**。そしてしばらくすると「給与をもっと上げてほしい」「他にもこんな福利厚生がほしい」「あんな制度もほしい」と新たな欲求が生まれ、会社に対してさらなる改善を期待するようになります。

これは社員が、会社による一方的な改善に依存してしまっている状態です。与えれば与えるほどそれに慣れてしまって、さらなる好待遇を求めるようになる——際限ない待遇改善は結局、社員の本質的な満足にはつながらないのです。

MIND
▼
CHANGE
05

給与アップや福利厚生の充実で社員は会社に定着するのか？

忙しい時の採用も社員満足にはつながらない

では社員の本質的な満足度を高めるものとは何でしょう？

社員の本質的な満足につながるのは、社員自身の自己実現や自己成長です。

人は誰しも「誰かから必要とされたい」「人に喜ばれる人間になりたい」という本能を持っています。社員が自分自身の力で問題を解決し、お客様や周囲からの信頼や尊敬を勝ち取れば、その本能が満たされます。それによって自己実現や自己成長が達成できたと感じた時、働きがいややりがいを感じるのです。

さらに、前述した通り、風の時代を生きる若者たちは肩書や金銭といった〝社会的な充実感〟よりも、「それによって自分は成長できたか」「それは社会をよくすることに貢献できているか」といった〝内面的な充実感〟の方に喜びを見出す傾向にあります。

したがって、**社員の満足度を向上させるには、自己実現や自己成長を実感できる環境を用意することが必要**です。

あなたの会社は、社員がお客様からの信頼や尊敬を実感できるビジネスモデルを作れていますか？　作れていないのなら、業務の構造を根本から考え直す必要があります。

待遇の改善とは異なりますが、社員から求められるがままに人材を採用することで、社員の不満を解消しようとすることもあるようです。それも社員の要望に応えているようで、逆に社員満足につながっていないことを理解すべきです。

受注の増加などで業務が忙しくなると、時間的な余裕がなくなり社員が疲弊します。社員は「社長、人が足りないので新しい人を入れてください」と気軽に言ってきます。

このままでは社員が疲弊して退職してしまう。社員をつなぎとめるには、社員の言うことに耳を傾けなければならない。社員の助けになるなら人を増やそう——このような不安から、社員の言葉に素直に対処してきた経営者は多いかもしれません。

しかし、**忙しい時期に行う採用は、それほど簡単に現場をラクにしてくれません**。即戦力にならない新人を抱えると、現場は日常業務と並行して新人教育もやらなければならなくなります。そうなると先輩社員はさらに忙しさが増し、現場の疲弊感は増大します。

また、忙しい時期は応募者を吟味する余裕がないため、自社にマッチした人材を獲得できない場合があります。自社に合わない人材を採用すると、社風が乱れたり、サービスの品質を下げてしまったり、他の社員の不満を招いたりと、さまざまな問題が発生します。社員に満足してもらうために行動したのに、結果的に社内に混乱をもたらし、社員を過酷な状況に追いやってしまうのです。

MIND
▼
CHANGE
06

忙しいから人を入れる。問題の本質は解決したか？

「売り上げが上がれば会社は儲かる」という思い込みから生まれる不幸

売り上げを追求するというのは、まさしく土の時代の感性だと感じます。

今年は去年よりもっと多く、来年は今年よりもっと多く……もっと、もっと、というのは右肩上がりということで、「どんどん儲けて、どんどん投資する」「売り上げも、社員数も、会社の規模も、どんどん拡大していくことが成長であり、それが企業の唯一の目的である」と考えている経営者の方は、今の時代でも相当多いのではないでしょうか。

そうした〝売上至上主義〟を盲信する経営者の多くが、**売り上げが上がれば会社が儲かると誤解しています。**売り上げが上がれば会社が儲かる、従業員も喜ぶ、誰もが万々歳……はたして本当にそうでしょうか？　そもそも「売り上げが上がれば会社が儲かる」、これ自体も正しいのでしょうか？

彼らは売り上げを上げることを最優先に経営の舵取りをすることで、さまざまな問題を発生させています。

売り上げは「客数×客単価」で成り立ちますから、手っ取り早く売り上げを上げる方法は客数を増やすことです。客数を増やすためにどうすればいいか考えた結果、安売りや過剰なサービスに手を出してしまいがちです。

前述した通り、安売りや過剰なサービスは商品・サービスの品質の低下を招きます。それは利益率を低下させ、社員の疲弊、モチベーションの低下を招き、会社全体に悪影響を及ぼします。

客数を増やすためには商品数を増やせばいいというのも、よくある間違いです。

当然ながら、商品数が増えれば現場のオペレーションは煩雑になり、作業効率が低下します。業務内容が複雑化すれば、社員の集中力も失われ、サービスの質の低下が起こります。その結果、顧客の不満を招きやすくなります。

さらに、あれもこれもと脈絡なく商品を増やすと、お客様に与える会社のイメージもぼやけたものになってしまいます。洋食屋の看板を掲げているのに、ラーメンもカレーも天ぷらも提供している店をお客様は選ぶでしょうか？

また、**客数を増やしたい時、ほとんどの会社は既存顧客のリピート率を上げるのではなく、新規顧客を追い求めます。**

新規客を増やすには、ヒト・モノ・カネのあらゆる面で追加のリソースが必要です。新規営業を強化するために、新しい営業人材を確保しようと考える経営者もいます。それは間違いの元凶です。

自社に適した人材を採用するのも難しい時代なのに、そんな中で人材を採用したら、仕事に慣れてもらうまで一定の教育期間が必要です。もちろん教育を担当する人材も必要となります。つまり一定期間、組織をさらに忙しくさせてしまうのです。

そうして採用した人材が期待通りに活躍してくれればいいのですが、なかなか育たなかったり、あるいはせっかくコストをかけて教育を行ったのにすぐに退職してしまったりすることもあります。そうなれば現場はまた混乱に陥ります。

結局、売り上げを上げるために安易に「安売りをしよう」「商品を増やそう」「新規客を取り込もう」という経営判断をすることで、企業はマイナスの負債を抱え込むことになってしまうのです。

MIND
CHANGE
07

売り上げを上げようとすることで、むしろ現場は混乱してないか?

売上至上主義が招く負のスパイラル

売り上げを追求して負のスパイラルに陥った例を紹介しましょう。

ある住宅販売会社では、営業マン一人一人に目標数字がありました。しかし、競合との競争が激しくなるにつれ、次第に目標達成できない営業マンが増え、業績が伸び悩むようになりました。そこで営業マンは安易に値下げに走り、競合他社と価格で競い合うことで契約を獲得するケースが出てきました。そうすると他の営業マンからも、低価格な商品を開発してほしいという要望が上がりはじめます。会社側も改善策が打ち出せないため価格競争を容認し、低価格商品の開発に取り組むようになりました。

このような売り上げ強化策を実施した結果、契約件数は確かに増えました。しかし同時に施工部隊は多忙になり、スタッフは疲弊していきました。単純なミスも増え、顧客からのクレームも多くなりました。

こうした事態に対応するため、経営者は施工スタッフを増員しました。受注が増えたことで追加の設備投資も迫られ、ますます固定費のかかる経営体質になっていきました。安易に売り上げを求めたがために、この会社は追加採用、追加融資の悪循環に陥ったのです。

さて、この会社は結局どうなったと思いますか？　決算を締めてみると、**売り上げは多**

少上がったものの、利益に関しては前年より減少してしまいました。売り上げを上げることばかりに意識が奪われ、それと同時に上昇する固定費への対策が甘くなっていたのです。

売り上げを上げるためにさまざまな施策を行ったのに、結局は社員が疲弊して、会社は混沌化して、純利益は減少――あなたの会社でもこのような負のスパイラルは起こっていないでしょうか？

これは経営者の「売り上げが上がれば会社は儲かる」という思い込みが現場を混乱させている典型的な例です。

経営者はなぜか、会社の利益より会社全体の売り上げを伸ばすことに夢中になりがちです。そこには「とにかく右肩上がりの成長神話を信じていたい」という切実な想いもあるでしょうし、「**会社が成長してないと思われたら、社員に見限られてみんな辞めてしまうんじゃないか**」といった不安や強迫観念も底にあるように感じられます。

しかし、売り上げアップを求め、客数・社員数の拡大ばかり追い求めても、苦しみや悩みは深まるばかりです。それでは「不幸せな経営」に陥ってしまいます。

では売上至上主義を採用しないのであれば、何を目標にすればいいのでしょう？

詳しくは次章以降で解説しますが、まずは「会社は常に売り上げを増やさなければいけない」という思い込みを捨てることが、幸せな経営への第一歩になるはずです。

MIND
CHANGE
08

会社は常に売り上げを伸ばさなければいけないのか？

間違った投資への思い込みから生まれる不幸

次は、経営者のお金の使い方に対する間違い（思い込み）です。

経営における多くの問題は、お金の〝稼ぎ方〟よりもお金の〝使い方〟から生じていることをご存知でしょうか？

経営者が間違った思い込みで会社のお金を使うことで、不幸な経営に陥ることが多々あります。間違ったお金の使い方の例としては、過度な投資や浪費、ムダな経費の増加などがあります。

その一例としては安易な採用が挙げられます。先ほどから例に出ている通り、「売り上げを求める→安売りや過剰なサービスに走る→人手不足に陥る→安易に人材を採用してしまう」というスパイラルはよくあることです。

では忙しい時に採用したその人材は、ヒマになったらどうなるでしょうか。明らかに余剰人員です。余剰人員の人件費をまかなうために、会社はさらに稼がなければなりません。余計な人員を採用したせいで、利益が減少する可能性もあります。

また、急速な人員増加により業務の属人化が進み、情報共有やコミュニケーションに問題が生じることもあります。売り上げには波がありますから、繁忙期の後に閑散期が来ることもよくあることです。忙しい時に無計画に人を採用してしまうのは、間違ったお金の使い方の典型と言えます。

安易に新事業に乗り出すことも間違ったお金の使い方のひとつです。

経営者の中には「儲かりそう」「あの商品が流行っている」という直感や思いつきで新規事業をはじめる人もいます。はじめた当初は時流に乗ってうまくいったとしても、時代の変化や市場の供給バランスによって、次第に儲からなくなることがあります。投資した資金が回収できなければ、新規事業進出は失敗に終わります。

そんな時、会社の経営者は次に何をするか？

失敗した事業の穴埋めとして、再び新規事業に乗り出す人が多いのです。

これは「数打ちゃ当たる」の典型的な例です。ただし、賭け事や勝負のセオリーでもありますが、負けている時に打つ手というのは大半が悪手になりがちです。負けを取り戻すために次、さらにリスクをかえりみずに次、また次……と繰り返し、気が付けば途方もないレベルまで負債が膨れ上がっているというのはよく聞く話ではないでしょうか。

会社経営においてトライ&エラーは確かに大事なことですが、無計画な行動は社員に負担をかけ、会社全体も疲弊させることは火を見るよりも明らかです。

設備投資に関しても同じようなことが言えます。特に建築業界ではありがちです。「新発売の最新設備」に魅力を感じ、安易に投資してしまうことがあります。その新しい設備を使いこなし、増産や効率化、新サービスの創出に結びつけられればいいのですが、うまくいかないこともあるでしょう。

しかし、いったん設備を導入してしまうと、仕事を増やさないわけにはいきません。となると多少単価が低くても、多くの仕事を引き受けるという判断になります。これでは設備の減価償却のために安い仕事を無理やり受注することになり、本末転倒な話です。本来は設備の購入によって、より高品質なサービスを展開し、サービス単価を上げることが目的だったのに、逆の状況に陥っているのですから。

無計画な設備への投資を行うことで、他の重要な経費や投資に回せる資金が不足してしまう可能性もあります。安易な設備投資が会社を危機に追い込む原因になることも少なくありません。

MIND
▾
CHANGE
09

間違った投資で自分の首を絞めていないか？

その投資は「戦略投資」になっているか？

会社のお金の使い方で大事なのは「戦略投資」という考え方です。

戦略投資とは目先の売り上げの拡大を目指すための投資ではなく、**まずは顧客満足や社員満足の向上のために投資すること**です。

たとえばお客様の満足度を上げるために快適な設備を導入したり、購入の意思決定をしやすいようにウェブサイトを充実させたりすることが挙げられます。また、お客様に商品説明がしやすい販促ツールを整えたり、社員の負担を減らすためにＩＴ機器などを導入したりすることも戦略投資の一環と言えます。

戦略投資によってお客様の満足度や社員の満足度が上がれば、顧客のリピート率や客単価の向上、社員の定着率向上が期待できます。これにより安定的な収益を上げられる会社になるわけです。

お金の使い方を誤ることは不幸な経営を招きます。過度の投資や浪費、ムダな経費の増加は、経営者が陥りやすい間違ったお金の使い方の典型的な例です。

一方、戦略投資として顧客満足や社員満足の向上に投資することで、持続的な収益の確保や経営の安定化が期待できます。経営者は常にお金の使い方に注意し、戦略的な投資を行うことで幸せな経営を目指すべきでしょう。

戦略投資ができている会社の代表例はスターバックスコーヒーです。

スターバックスは「サードプレイス」という価値を顧客に提供することを追求しています。サードプレイスとは自宅でも職場でもない、リラックスできる〝第3の場所〟を指します。スターバックスは店舗を出店する立地から、店舗の内外装、商品ラインアップ、接客サービスまで、すべての投資がこの価値観に基づいて決定されています。

その結果、スターバックスは割引キャンペーンや大々的な宣伝を行わなくても、安定して売り上げを作り、成長を続けています。こうした事前の戦略投資により、社員が売り上げ向上のために疲弊することもなく、顧客満足も維持できる仕組みが作られているのです。

今では日本におけるカフェチェーンの規模で、スターバックスはドトールコーヒーを抜いて1位になっています。

MIND
CHANGE
10

お金の〝稼ぎ方〟より〝使い方〟を考えたことはあるか？

社員教育の思い込みから生まれる不幸

最後は教育に関する思い込みです。企業にとって社員教育は未来をつくる基盤ですが、多くの経営者は教育に関して間違った思い込みをしており、それが組織に潜在的な不幸を招いています。

企業内での教育は、その目的と方法によって3つのカテゴリーに分けられます。①価値観教育、②マネジメント教育、③スキル教育の3つです。

①価値観教育

価値観教育は、組織の核となるミッションを理解してもらう教育です。多くの経営者はこの価値観教育の重要性を見過ごしがちですが、組織の文化やアイデンティティを形成する上でこれほど根本的かつ重要なものはありません。

価値観教育にはルール、マナー、習慣の教育も含まれます。「報連相（報告・連絡・相談＝ほうれんそう）」のルールや、5S（整理・整頓・清掃・清潔・しつけ）、あいさつ・立ち振る舞いのマナーもそうです。会社としてのルールやマナーを最初に教えることで、ジェネレーションギャップやコミュニケーションにおけるさまざまな障壁はなくなっていきます。

習慣とは「毎朝社員の体調をチェックする」「毎週月曜日はサービスの品質をチェックする」「毎週金曜日は売り上げをチェックする」といった、決められた基準で定期的に実施・確認する業務のことです。管理者を中心に全員が自社に必要な習慣を身につければ、みんなが快適で、かつ抜け漏れやミスのない仕事ができるようになります。

②マネジメント教育

次にマネジメント教育ですが、これは全員の能力を最大限に引き出すために仕事を「単純化」「標準化」「システム化」するものです。言い換えれば、誰がいつ行っても再現性高く仕事ができるよう、会社の仕組みを身につけてもらうための教育です。

③スキル教育

最後にスキル教育ですが、これは特定の業務を遂行するための技能や知識を身につけることを目的としています。多くの企業では新入社員を即戦力に育てるため、最初にスキル教育を行います。

MIND
▼
CHANGE
11

行き当たりばったりの教育を社員に押し付けていないか？

一番重要なのは会社の価値観を教えること

理想的な教育とは、価値観教育、マネジメント教育、スキル教育がバランス良く施された教育です。

そんな中でも**特に重要なのは価値観教育**です。価値観教育が適切に行われないと、会社の目指す方向性を共有できないため、社員個々の判断がバラバラになります。そしてチームワークが崩壊し、組織内での混乱を招くことになります。

しかし、多くの会社は「早く人材を即戦力にしなければ」と考え、スキル教育を優先してしまいがちです。これは売上至上主義に基づく思い込みと言えるでしょう。

会社の価値観が身についていない社員にスキル教育を詰め込むことは、社会人としての基礎ができてない社員を闇雲に頑張らせることにつながります。つい「教育＝早急に一人前の仕事ができるようにすること」と考えて、仕事の技術を教え込もうとしてしまいますが、本当に大事なのは会社の基本ルールを知ってもらうこと。**全員が同じルールを共有することで、その先のスキル習得もスムーズに進みます。**

また、スキル教育は属人化しがちです。教育担当となった先輩の気質によって、教わる側の社員が身につける内容も変わってきます。そのようなスキル教育を続けていると、会社の属人化がさらに進行し、チームとしての一体感、会社全体のコンセンサスというものがなかなか生まれなくなってしまいます。

標準化されていない教育は、教える側と教えられる側の間で混乱を招き、人間関係の問題も発生させます。それは当たり前のことで、Aさんに習った時はaだと言われたのに、Bさんに習った時はbが正しいと教えられるのです。その結果、社員は何が正しいのかわからなくなり、仕事に対するモチベーションが低下します。

こうしたすべての問題は、教育の体制が整っていないからに他なりません。**スキル教育において大切なのは、誰にとってもわかりやすい〝基準〟を作ること**です。最初にきちんとした基準を作っておけば、やるべき行動が明確になり、誰に対しても同じ内容を習得させることが可能になります。同じ価値観を共有し、同じ技術を持った社員がそろうことで業務は安定し、社内コミュニケーションも円滑になります。

私が見ている限り、価値観、マネジメント、スキル、この3つの目的や内容を理解しないまま、漫然と教育を行っている経営者は多いです。それでは社員が本当に成長を実感できる教育は実現できません。そうなると社員のモチベーションは成長ではなく報酬だけに向かい、会社の業績が悪化すれば会社から離れていくことになります。

適切な教育を適切な順序で行わないことは、組織の不幸を招くことにつながるのです。

MIND
▼
CHANGE
12

正しい順番で社員教育を行えているか？

第2章

「規模拡大の経営」から「幸せな経営」へ

時代の変化に適応するための経営者のマインドチェンジ

そもそも何のために会社を経営しているのか？

前章では時代の変化に対応できず、不幸な経営に陥っているベテラン経営者の５つの症例を紹介しました。思い当たるところはあったでしょうか？

この章ではそこから脱却するための基本的な考え方について書いていきます。

これは前提になりますが、そもそもみなさんはどうして会社を経営しているのでしょう？

多くのお金を稼ぎたいから、社会的に高い地位に就きたいから、自分の理想の社会を実現したいから、誰かの役に立つのが好きだから……さまざまな理由があると思いますが、これをまとめるなら**「幸せになりたいから」の一言に尽きる**のではないでしょうか。

お金を稼ぐのも、まわりからチヤホヤされるのも、自分の手でビジネスを作りたいのも、結局のところすべては自己満足にすぎません。人間の行動はどれも自らの欲望を満たすためのもので、たとえ「社会の役に立ちたい」「人々の幸せに貢献したい」という一見高尚に見えるものでも「それをやることで自分が歓びを感じるから」と解釈すると、やはりすべては自分の幸せに収斂《しゅうれん》していきます。

では、幸せとは何でしょう？

もう一歩突っ込んで問いますが、あなたにとって幸せとは何でしょう？

少し考えればわかるように、幸せの定義は人によって異なります。

ある人は多くの儲けを出すことで幸せを感じると言います。多数の従業員を抱えて、会社を大きくすることに幸せを感じる人もいるでしょう。お客様の笑顔や感謝の言葉に幸福を感じる人もいれば、高価な車やブランドものの時計といった物質的ステータスに幸福を求める人もいます。事前に決めた目標を達成した時の充実感こそが自分の幸せだという人もいるかもしれません。

つまり答えは人によってそれぞれ。本人が「ああ、幸せだ」と感じられれば、それはお金であれ、規模であれ、目に見えない達成感であれ、何でもいいのです。

多くの場合、この**「何に幸せを見出すか」ということが、会社や経営者を突き動かす強力なエネルギーになります。**「売り上げを上げたい」「社会の役に立ちたい」「従業員との一体感を得たい」「会社を大きくしたい」「誰かに感謝されたい」……。

あなたの場合はどうでしょう？　「異性にモテたい」「まわりから尊敬されたい」「誰かの下で働きたくない」……それだって立派な幸福になるための理由です。

右肩上がりの時代の終焉と、拡大経営の限界

この幸福の理由、かつては非常にシンプルなものでした。

「お金がほしい」「いい暮らしがしたい」「立身出世したい」……戦後から高度経済成長時代というとずいぶん昔のように思いますが、少なくとも昭和の時代、経営者にとって幸福とは物質的な充足や社会的な評価と完全に一致していました。いわば**幸福とは〝人生の成功者になること〟とイコールだと考えられていました。**

人生の成功者になるとはどういうことでしょう?

人より多くのお金を稼ぎ、人より広くていい家に住み、人がうらやむような生活を送り、人からスゴイと尊敬されるような名士になり、人に使われるのではなく人を使う側になる——昭和の時代の経営者にとっては、激しい競争社会の中、なるべく上位の〝勝ち組〟に入ることこそ幸福であり、少しでも自分の〝順位〟を上げるため「もっと稼ぐ」「もっと社員を増やす」「もっと会社を大きくする」という拡大政策をガムシャラに推し進めてきたのではないでしょうか。

しかし、そのやり方はやがて限界を迎えます。とにかくお金を稼ぐ、ひたすら社員を増やしていく、どんどん会社を大きくするといった右肩上がりのビジョンは厳しい現実の壁

に跳ね返されます。

そう、バブルの崩壊です。ここで人々は夢から醒めたように、はたと我に返りました。そもそも幸せになるために会社をはじめたのに、どうして売り上げや会社の規模にこんなに振り回されないといけないんだろう？　そもそも会社が永遠に拡大・成長し続けるなんて不可能じゃないだろうか？　自分が本当にやりたかったのは、ひたすら会社を大きくすることだったのだろうか？　それって本当に幸せなのだろうか……？

バブル崩壊以降、日本は〝失われた30年〟と呼ばれる時期を過ごしますが、それは経営者が幸福について改めて考える時間だったのかもしれません。かつての右肩上がりの時代は終焉を迎え、**経営の目的を見失った経営者たちは、今一度自分にとっての幸福観に向き合わざるを得なくなりました。**

一体私たちは何のために働いているのだろう？「とにかく儲ける」「もっと会社を大きくする」「前年より売り上げを上げる」といった規模の論理以外、何を目的に会社を経営すればいいのだろう……？

前章でも書きましたが、私のところに相談に来られる経営者の大半は、これまで積み重ねてきた自分の経験が通用しなくなったベテランの方々です。**特にコロナ禍からアフターコロナにかけては、経営の目的を見失いつつある経営者が増えているこ**とを実感します。**経**

営の目的とは「うちの会社は、何のために存在しているのか」ということです。

彼らは右肩上がりの時代が終わった後も、「とにかく儲ける」「前年より売り上げを上げる」という規模の論理で会社を引っ張ってきて、ついにそれが限界に達して私のところにやって来たのです。

言い換えれば、彼らは昭和の価値観から抜け出せず、令和の新常識にアップデートできず、道に迷っている状態だと言えます。人生の意味や自分が仕事をやっている意義について考えず、ただ「儲けること」「拡大すること」のみに頭を働かせていればよかった時代に取り残されて途方に暮れているのです。

考えてみれば、それは仕方がないことかもしれません。

なぜなら当時はそれが当たり前だったのです。選択肢はそれしかなかったのです。社会のすべてが右肩上がりで、それに乗っかることが会社経営の正道だと誰もが当然のように思っていたし、それで十分通用したのです。

しかし、現在はもう、それでは市場で戦っていけません。

会社経営とは何なのか？　そもそも自分は何のために事業をやっているのか？

それをしっかり踏まえないことには、実際の会社経営の面でも、経営者のメンタルの面でも、立ち行かなくなっているのが現状です。

MIND
CHANGE
13

自分は何のために事業をしているか、それを把握せず戦っていけるのか?

〝経営の成功〟と〝人生の成功〟は違う

会社の存在意義について考えていくと、いろいろな気づきが生まれます。これまで常識と捉えてスルーしてきた事柄をあえて取り上げ、それについて思考を深めていくのです。自分はなぜ事業を行っているのだろう？　どうすれば会社経営を通して自分の人生を豊かにできるだろう？　幸せを感じることができるだろう……？

たとえば、私は**〝経営の成功〟と〝人生の成功〟は異なる**と考えます。

順調に成長している会社、社員がどんどん増えている会社、メディアで注目を集めている会社など、一見成功しているかのように見える会社であっても、そのトップにいる経営者は悩んで行き詰まっていることがよくあります。

経営の成功を維持するにはさまざまな困難が伴います。経営の責任やプレッシャー、組織の矛盾や摩擦、競合他社とのシェア争い、高い退職率といった困難です。大きな成功を収めている会社ほど内部で抱える悩みや問題も多いものです。

一方で、売り上げや社員数は微増か横ばいくらいで推移し、さほどの成長がないように見える会社であっても、社員満足や顧客満足が高いケースもあります。

はたして経営者にとって、どちらが良い会社と言えるのでしょう？

かつての売上至上主義の時代であれば現実的に結果を残している前者こそが良い会社なのかもしれません。しかし〝幸せ〟という尺度に照らすなら、私は経営者にとって良い会社とは後者ではないかと思います。

たとえ売り上げや社員数が順調に増加している会社であっても、経営者が深い悩みやストレスを抱え、自分の望む人生を送れていないと感じるようでは、それは経営者にとって成功した人生とは呼べません。

確かに売り上げが増えたり会社が大きくなったりすることは一時的に幸福を感じる原因になるかもしれませんが、だからといって「規模拡大＝幸福」という式は成り立たないということをよく肝に銘じるべきです。規模拡大は幸福になるためのひとつの手段でしかなく、「規模拡大しないと幸福になれない」という絶対条件ではありません。

そう、**経営者が本来求めなければいけないのは自分自身が幸せになること**です。仮に規模拡大をしなくても幸せになれるのであれば、それで問題ないのです。

多くの経営者は人生の目的と手段を混同して、「儲けること＝人生の目的＝自分の幸せ」と短絡的に考えてしまいがちですが、それらは本来別々のものであり、個別に向き合っていかなければならないものです。こうした部分の混同こそ経営者が不幸に陥る一番の原因と言っても過言ではありません。

MIND
▾
CHANGE
14

儲かれば幸せか？幸せになるために生きているのではないか？

人生の成功の第一歩は自分自身を理解すること

では、人生の成功は一体何によってもたらされるのでしょう？

いろいろな要因があると思いますが、そのうちのひとつは自分自身の成長にあると私は考えます。

人は一歩一歩成長していくことで、未来に対する希望や自分に対する自信や誇りを持てるようになります。人生における成功の定義は一人一人異なり、他人と比較されるべきものではありませんが、自分自身が自身の理想に向かって成長し、「私は充実した人生を送っている」と実感できることは多くの人に当てはまる成功のカタチではないでしょうか。

したがって、**経営者が人生の成功を追求するには、まず自分自身の理想を明確にする必要があります。**

現代は価値観が多様化し、複雑化している時代ゆえ、成功に対する明確な答えというものは存在しません。たとえ誰かにとって成功と思えることでも、あなたがそれを成功と思えないのなら、それはあなたにとって無用です。逆に多くの人が関心を抱かなくても、あなたがそれを重要と思うのであれば、あなたはそれを追求するべきです。

私はよく悩める経営者の方から「成功するためには何をすればいいのか？」「正しい判断

はどれなのか？」と相談されますが、「その質問の答えは存在しません。ただあなたの理想に向かって意思決定するだけです」と答えています。結局、成功＝幸福というのは個人の感覚にすぎず、**「答えは経営者の心の中にある」**というのが正解だと考えます。

なので、経営者は自分自身の理想や価値観を深く理解し、それに基づいて、自らの人生を切り拓く必要があります。

もしもあなたが、自分を理解せずに意思決定をしているのであれば、それは自分の人生や自分の経営する会社を他人に委ねているのと同じです。大切な判断を自分以外の他人に委ねていては、いつまでたっても迷子の状態から抜け出せないのは当たり前です。

それゆえ、経営者はまず自己理解からはじめる必要があります。

自己理解を深めることで、自分自身の理想や価値観に基づいた目標を設定し、それに向かって行動できるようになります。自己理解を深めるには、自分の得意なことや本当にやりたいことを把握することが大事です。自社の存在意義を明確にすることも重要です。

経済的な成功をひとつの目標に設定することは悪いことではありませんが、前述したように、それだけが人生の幸福を決定するわけではありません。自己の成長や人間関係の豊かさなど、多様な要素があって初めて人生は彩り豊かになるはずです。

MIND
▼
CHANGE
15

自分は何を求めているか？自分の特徴や志向性を理解しているか？

〝成功〟ではなく〝成長〟にフォーカスを

では、改めて〝成功〟とは一体何でしょう？

この問いに明確な答えはありませんが、多くの人は成功を短期的な目標達成や利益の最大化と結びつけているようです。会社経営では成功することも大切ですが、より重要なのは**自分たちの〝成長〟を追求すること**です。

成長とは絶え間ない学びと改善を通じて、会社とそこに所属するメンバー一人一人が躍進していくプロセスです。成長にはしばしば困難が伴いますが、その過程で新たな知見や能力が身につきます。会社を長期的に持続させるには成長というものが欠かせません。

社員一人一人の成長にフォーカスすることで、経営者の仕事への姿勢も変わってきます。社内での会話の変化もそのひとつです。

成功より成長に重きを置くことで、「売り上げはどうだ？」「今月の契約数は何件？」といった会話は、「ピークタイム時の客層はどうなってる？」「あのお客様はうちの会社に合ったお客様かな？」という内容に変わっていきます。

つまり、経営者や社員の視点が、売り上げ規模の拡大よりも会社のミッションに則したビジネスを展開できているかどうかに変わるのです。コロナ禍はほとんどの企業にとって、お客様の減少やビジネスの不確実性に直面した時期でした。それは成功を目指す会社と成長を目指す会社に大きな差を生み出しました。

成功を目指す会社は、コロナ禍において新規事業に挑戦したり、それまでとは異なる顧客層の獲得を試みたりしました。しかしコロナ禍が収束した今、その結果はどうなったでしょう。その時期にはじめた不慣れな取り組みの多くが失敗に終わっているのが現実です。コロナ禍で流行った「テイクアウトのから揚げ専門店」がアフターコロナで一気に廃れてしまったのがわかりやすい例でしょう。彼らは短期的な成果や利益を重視し、大きなリスクを冒した結果、持続的な成長を達成できませんでした。

一方、成長を目指す会社は、困難な状況に陥った時、現在の顧客に対してどのような価値を提供できるかを模索しました。既存顧客との関係を強化するため、顧客のニーズをヒアリングし、これまでの製品やサービスを改良・改善しようとしました。さらに、SNSを活用して顧客とのコミュニケーションを活性化させました。

苦しい状況だからこそ自分たちの使命に忠実に動く。会社のミッションを改めて明確化し、既存顧客との関係を強化する――。

私が見る限り、成功より成長に重きを置く会社は「ピンチをチャンスに変える」というやり方で、**コロナ禍の時期にむしろ会社の強靭化に成功**しています。

MIND
▼
CHANGE
16

コロナ禍に
どんな施策をしたか？
目の前の
成功を追い求めて
成功は手に入ったか？

成長を追求することで、結果的に成功も得られる

成長志向の会社は、長期的な持続可能性を重視します。安定したキャッシュフローを確保した上で、組織の健全な成長を求めます。また、顧客との継続的な関係の構築や顧客満足の向上にも注力し、顧客ロイヤルティを高めることでビジネスの成果を最大化します。

一見これは理想論のように見えますが、実際の利益の面でも「成功より成長」を重んじた経営の方が効率的と言えます。

成功を優先する会社は常に目の前の売り上げを追求します。新しい顧客や新しいビジネスを追求するには大きなリスクや費用が伴いますが、それだけのリソースをかけても長期的視点がなければ、せっかく獲得した顧客もビジネスの蓄積もすぐに失われてしまいます。いわば〝骨折り損のくたびれ儲け〟という状態です。

また、時流や世相に振り回されて経営の指針が定まらないため、社員たちは何を基準に働いていいのかわかりません。腰を据えて業務に当たれないのだから、仕事の生産性が上がるはずはありません。

かたや**成長を重視する会社で大事にするのは、継続**です。まるで〝秘伝の継ぎ足しのタレ〟のように、顧客の獲得もビジネスの拡大も常にこれまでの蓄積を踏まえた上で行われ

ます。そのため過去に積み重ねた経験が失われることはありません。**着実に、一歩一歩リピート率と客単価を向上させる**ことで、大きなリスクを背負うことなく成果を上げていくことが可能です。

私のクライアントを見ても、コロナ禍において成長志向のアプローチを実践した会社は、外部環境に負けずに安定した経営を続けています。彼らは苦しい時期も将来に向けた投資を行い、目の前の売り上げより未来の基盤作りに注力したため、アフターコロナとなった現在は以前にも増して好調です。

成功と成長の間には大きな違いがあります。成功は一時的な目標達成に焦点を当てますが、成長は持続的な発展と価値の提供に注力します。行動の矢印を外部の数字に向けるのではなく、自己の成長という内面に向けることで、「これまでできなかったことができるようになった」「自社の有するキャパシティが拡大した」という手応えと実感を得られるのも特徴です。

つまり、成長を追求することで、会社は長期的に繁栄し、社員は仕事に充実感を感じられるようになります。そしてその結果、成功もまた実現するのです。

真の成功は、成長のその先にあると言えるでしょう。

MIND
▼
CHANGE

17

あなたが目指してきたのは〝成功〟か〝成長〟か?

もはや〝頑張り〟ではビジネスは成立しない

成功を目指すのではなく、成長を目指す――こうした仕事に対する意識の変化は、それ以外の部分にも波及しています。

たとえば、かつてはビジネスにおいて**〝頑張る〟ことが最上級の美徳とされていました。**その代表例が栄養ドリンクのCMソングで歌われた「24時間戦えますか」です。とにかく大事なのは懸命に頑張ること。顧客に対して頑張っている姿を見せることが売り上げを伸ばす一番のアピールになる時代がありました。

それは顧客に対してだけではありません。遅くまで会社に残って残業をする人が社内的にも評価される傾向にありました。そんな中、定時に帰ろうものなら白い目で見られるのが常でした。

今では信じられないかもしれませんが、働き方改革以前の日本では終電で帰ることが当然で、会社に対して滅私奉公する人が重用されていました。営業マンは深夜まで取引先の接待に付き合い、〝頑張った〟ことのご褒美として仕事をいただくという仕組みが普通でした。誰もが頑張ることでビジネスを成立させてきたのが、これまでの日本の評価基準だったと言えます。

しかし、長年のデフレスパイラルや情報化社会の進展によって、現代では顧客の判断基準は一変しました。**顧客にとって取引先が頑張っているかどうかはどうでもいい事柄になりました。**

それに取って代わった価値観は、**「それが自分にとって最も有益な選択かどうか」**です。相手が頑張っていようが、手を抜いていようが関係なく、純粋に自分が必要としているものを提供してくれるかどうかで判断する——こうした即物的な時代において、かつてのような〝頑張りアピール〟でビジネスを成立させることは難しくなっています。

ところが多くの経営者は相変わらず頑張ることでビジネスを成長させようとしています。頑張ることを重視する経営者が最もやりがちなのは、価格の面で頑張ろうとすることです。つまり低価格戦略による差別化で競争優位を得ようとするのです。ところが、それは大きなリスクを背負い込む可能性があります。

たとえば、価格を10％値下げしたら利益はどうなるでしょう？　せっかく利益を出していた会社でも、利益が激減してしまう可能性があります。それは自社の骨身を削る合理性のない判断だと言えます。

逆にお客様から見たらどうでしょう。こちらの「10％値下げ」という決断は「少しお得になったね」くらいの感覚です。自社にとっては骨身を削るような施策でも、相手先にとっては「**たかが10%**」にすぎません。10%の値引きが自社に与えるインパクトと、顧客に与えるインパクトを比べてみると、そこには大きな差異が存在します。

にもかかわらず、〝頑張る〟経営者は安易に価格引き下げを断行しようとします。一体それはなぜでしょう？　そうした経営者は**〝自身が頑張ることでしか顧客をつなぎ留められない〟という思い込みに囚われている**のです。

その結果、確かに顧客からの注文は増加し、売り上げも上がり、社内は忙しくなるかもしれません。しかし、薄利多売を選択したため、会社は苦労が多いわりに利益が上がらないという悪循環に陥ります。これでは社員は疲弊してしまいますし、事業で得た利益を社員に還元することもできません。

本来、自社の商品・サービスの価格を設定する際は、業績への影響を緻密にシミュレーションした上で最適な価格を導き出さなければいけません。特に利益を減らすことにつながる値引きについては、慎重に検討するべきです。

MIND
CHANGE
18

頑張って値下げして、それに耐えた。クライアントは喜んでくれたか？

〝頑張る〟仕事から〝ゲームのように楽しむ〟仕事へ

では〝頑張る〟を重視しない現代の経営では、何で他社と差別化を図ればいいのでしょう？

答えは簡単です。**商品・サービスそのものの価値で差別化を図る**のです。

顧客のニーズに合った価値ある商品・サービスを提供すれば、自ずと売り上げは付いてきます。そのためには何が〝捨てるべき商品・サービス〟で、何が〝強化すべき商品・サービス〟か取捨選択する必要があります。

当たり前ですが、顧客が求めているのは商品・サービスの〝本質〟そのものであり、その中身を磨き上げ、他社を寄せ付けないレベルまで高めることで、あなたの会社は周囲から選ばれる存在になります。あくまで品質にこだわった本物路線。そこには〝頑張り〟などという余計なサービスが入り込むスキはありません。

しかし、これは自社に特定の商品やサービスを抱えている場合に限られます。

では、顧客に対して商品提案書や見積書を提出して、契約を結んでからサービスの提供に至るようなビジネスの場合はどうでしょう？

その場合は、フロントエンド、ミドルエンド、バックエンドといった3ステップでサービスを整理し、まずはフロントエンドを提供して顧客に価値を感じてもらい、次の段階へと誘導するやり方をおすすめします。

簡単に言えば、**サービス提供までの過程をシミュレーションゲームのように繰り返し改善**して、最適な組み合わせ、最適な価格を探りながら有効性を追求するのです。そして、見つけた最適なパターンに注力し、さらに継続的に改善を繰り返していく——そうすることで得られる利益を最大化していきます。

これは〝頑張る〟というやり方とは違います。こうしたらどうだろう？　こうやったら相手はどのように反応するだろう？　じゃあ次はこういうやり方で試してみるのはどうだろう……？　まるでゲームのように〝楽しむ〟ことで、自然と仕事の質とスキームをバージョンアップさせていくのです。

〝頑張る〟には限界があります。しかし**〝楽しむ〟には限界がなく、それゆえ成果も出やすい**ものです。また、経営をゲームのように捉えることで、失敗を恐れず新しいことにトライできたり、リスクのあるチャレンジに立ち向かえたりするという側面もあります。経営をある種の遊びと見なすことで、以前よりむしろ物事を客観的に判断できたり、課題に勇敢に取り組めたりもするでしょう。

それは〝頑張り〟という根性主義をベースにしたかつてのビジネスとはまったく異なる

やり方です。誰も苦労を背負い込まず、無理をせず、むしろ楽しみながら結果を出す。楽しむ経営を実践することで、会社も社員も楽しみながら成長していけます。

本当にそんなことができるのか？　そんなのただの理想論じゃないのか？――旧来の価値観に縛られた経営者はそうした疑問を持つかもしれませんが、やはりそれは昭和の時代の思い込みに惑わされていると言わざるを得ません。

確かに〝苦労して頑張る〟ことで結果が出る確率は高まるかもしれませんが、〝苦労して頑張らないと結果が出ない〟わけではありません。それはひとつの手段であって、必須ではありません。なくてもできるのなら、そっちを選ぶのが賢明な判断です。

その証拠に、頑張る働き方と楽しむ働き方、どちらがやりたいか自社の社員に聞いてみてください。

自ずと結果は見えているのではないでしょうか。

MIND
CHANGE
19

苦しまないと結果は出せない？楽しんでたら結果なんて出ない？

引き算の経営で社員を余計な作業から解放する

働く人の幸福感と企業の生産性の関係についても触れましょう。

多くのコンサルティング会社がクライアントに「売り上げを2倍にしましょう」といった提案をし、その目標に即した戦略を立案します。しかし私に言わせれば、それは無意味なやり方です。

なぜなら、**いくら売り上げが2倍になったとしても、社員の生産性が下がってしまえば会社経営のリスクは高まる**からです。

たとえば、売り上げの倍増を狙って新たな市場に参入しようと、新製品開発に取り組んだとします。その過程で既存の製品の生産・販売に割ける時間や労力は削られ、生産量が減少する可能性があります。そうなると売り上げ増を目指す一方で、既存製品の売り上げは減少してしまいます。

また、売り上げを2倍にしようと新規顧客開拓に注力し、大きな案件を受注する戦略をとったとします。しかし、新たな案件を受注するには多くの人員や予算が必要で、既存の案件の進行や作業効率が低下するおそれがあります。既存案件に割ける労力が減り、品質の低下や納期遅れが生じれば、顧客満足は下がります。

このように、売り上げを伸ばすための取り組みには、往々にして新たな投資や業務の増加が伴います。新規に力を入れれば既存が疎かになる、いわばシーソーの原理です。急な売り上げ増加を目指せば、社員の精神的・肉体的負担も大きなものになります。

新規の顧客は開拓したいけど、既存の顧客も失いたくない——こうした経営上のジレンマに対して、私がいつもクライアントにお伝えしているのは、**「売り上げを2倍にしましょう」ではなく「生産性を2倍にしましょう」**ということです。

生産性の向上には多くのメリットがあります。生産性が高まれば、手戻りやミスが減り、品質向上につながります。効率的な業務プロセスや自動化の導入によって、ムダな作業やコストを削減できます。従来は手作業で行われていた業務をシステム化することで、人的リソースや時間の節約が可能です。

では、生産性を2倍にするにはどうすればいいのでしょう?

単純に考えれば、商品の単価を2倍にすれば生産性の向上は達成できます。あるいは単価は変えなくても、半分の人数で仕事を回すことができれば生産性は2倍になります。いかにして現在の仕事を少ない人数で効率的に回していけるようにするか?

そう考えると、**生産性を上げるには「何をするか」より「何をしないか」**を明確にすることの方が重要かもしれません。なぜなら、やらないことを決めて社員の業務を単純化することで、彼らの作業効率は上昇し、作業時間は短縮されるからです。

売り上げを上げることが「足し算」の経営だとすれば、生産性を上げることはいわば「引き算」の経営です。多くの経営者は「あれもやろう」「こうした商品も作ろう」と足し算に重点を置きがちで、引き算を悪いことだと考えています。しかし実際には、何かをやめることによって生産性が向上するケースの方が大半です。

たとえば、「○○円以上の値引きはしない」「過剰なサービスの提供はやめる」「機械ができる作業は人がやらない」など、引き算の意思決定を行うことで生産性を劇的に向上させることが可能です。

生産性を低下させる要因を排除し、単純作業をシステム化することで社員は余計な仕事から解放されることでしょう。そうして空いた時間・労力を使って、彼らにもっと生産性の高い業務をこなしてもらうのです。それは彼らにとってもやりがいの感じられる時間となり、仕事へのモチベーションも向上することでしょう。

引き算の考え方を取り入れ、逆転発想の経営を実践しましょう。それによって企業は働く人の幸福感と生産性を同時に追求できるはずです。

MIND
▼
CHANGE
20

売り上げ向上で幸福になれたか？煩《わずら》わしさだけが増えたのではないか？

人を幸せにできない企業は生き残れない

リクルートワークス研究所の『未来予測2040』によれば、2022年に約6587万人だった労働の供給量（労働の担い手の数）は2027年頃から急激に減少し、2030年には約6337万人、2040年には5767万人になると予測されています。

これに対して労働の需要量（労働の消費量）はほぼ横ばいで推移するため、労働の供給不足は次第に深刻化していくことになります。2040年、労働力の供給不足は1100万人にものぼると言います。

現在も人手不足にあえいでいる会社は多いですが、その状況はまだはじまりに過ぎません。これから先、**人手が足りなくなる未来に向けて深刻度は加速していくばかり**です。

このような危機的状況の中で企業が生き残り、事業を持続していくためにはどうすればいいのでしょう？

私は〝**人を幸せにする経営**〟**が不可欠**であると考えます。私たちが直面する労働者減少時代では、人を幸せにできない企業は労働者から選ばれず、市場からの退場を余儀なくされるはずです。

では幸せな経営とは何でしょうか？

私は「企業とお客様、そして社員の満足がバランス良く取れた状態」を幸せな経営と定義しています。

たとえ売り上げが上がっていても、社員が疲弊していたりお客様からのクレームが絶えなかったりするような状況では、バランスが取れた状態とは言えません。

そのままでは社員が次々と辞めていくかもしれませんし、信用失墜につながる大きなトラブルが発生する可能性もあります。そうなれば一時的な売り上げなどあっという間に吹き飛んで、立ち直れないほどのダメージを受けることになります。

私自身もかつて広告会社を経営していましたが、恐怖におびえていた時期があります。その時は売り上げが過去最高に達していたにもかかわらず、「いつ社員が辞めるかわからない」「あのお客様が離れてしまったらどうしよう」と頭の中は常に不安でいっぱいでした。

経営者が日々不安に苛まれているようでは、決して幸せな経営を実践できているとは言えません。

会社とは人を幸せにするための道具に過ぎません。であるならば、会社に関わる人（社員、お客様、取引先、そして経営者自身）を幸せにできない会社など、厳しい言い方をすれば存在する意味がありません。

多くの経営者は「社員のため」「お客様のため」と強く思うがあまり、自分自身を犠牲にしがちです。社内の誰より長く働き、あらゆるタスクをこなすのが経営者の役割と思い込んでいる人もいます。


しかし、**経営者が自分を犠牲にしながら働いている状態は、会社の危機**につながります。

経営者自身が幸せを実感できなければ、周りの人々を幸せにすることはできません。


経営者のみなさん、今仕事が楽しいですか？

会社経営をしながら、毎日幸せを実感できていますか？

社員やお客様など、周りの人々を幸せにしていますか？

自らの胸に手を当てて考えてみてください。

もしもそれができていないなら、今こそ変わるチャンスです。自分自身が幸せを実感し、その幸せを周りにも広げられる経営者に変化するタイミングを今こそつかんでもらいたいと思います。

MIND
▾
CHANGE
21

会社のために自分が犠牲になるのが当然と思ってないか？

第3章

私もかつては「幸せな経営者」ではなかった

どうして私はマインドチェンジするに至ったのか？

私は甲子園に四番で出場した野球少年だった

ここまで不幸な経営者の問題点と改善策について述べてきました。

あまりに厳しい口調で書いたので（厳しく書いたのは読者のマインドチェンジをうながすため、あえてです）思わず本を閉じたくなった方もいるでしょう。これまで正しいと思ってきた価値観の転換を迫られて頭の中が混乱している方もいるでしょう。

「あれをやれ」「これをやれ」と言われても、人はその根拠に納得できなければ受け入れられないものです。どうしてそれが正解なのか？　そこにどういう理屈があるのか？　**真のマインドチェンジを果たすには、深い内省と心からの共感、迷いのない決意と強靭な意志が欠かせません。**

この章では私自身がいかにして〝不幸な経営者〟から〝幸せな経営者〟へと脱皮することができたのか、その顛末をお伝えしたいと思います。

私はかつて、今のみなさんと同じように典型的な〝不幸な経営者〟でした。数字を追いかけ、クライアントに振り回され、社員の顔色を窺い、ベッドに入ったら常に睡眠薬を服用……。そうした綱渡りの日々が限界に達し、やり方を変えざるを得なかった末に辿り着いたのが今の状態です。

そこに至るまでにはドン底があり、救済がありました。とことん追い詰められた末の絶望もあったし、それまでの経験値を全部放棄するような大転換もありました。

私が辿った天国と地獄をお話しすることで、そのどこかがみなさんの抱えている悩みや問題点に重なり、「そうだよな」「わかるわかる」「そういうことだったのか」という肚落ちにつながればいいと思います。今回はみなさんにマインドチェンジをうながすため、〝不幸な経営者〟のサンプルとして私の事例を紹介します。

幼い頃、私は野球少年でした。

とにかくひたすら野球に励み、高校3年生の時には甲子園に出場しました。ポジションは四番でセンターです。

おいおい、経営の話なのにいきなり昔話か？　自慢話でもはじめるのか、と思った方、そう慌てずもう少し読み進めてください。野球少年だった私の過去、甲子園まで出場したキャリアは、その後の私の会社経営に対するマインド形成に大きな影響を及ぼしているからこそ記しているのです。

私は幼い頃から野球に夢中でした。幸いにもバッターとしてある程度の評価を受け、中学は越境入学で名門校に進み、高校は特待生として愛知高校に入りました。大学も推薦で決まりました。

そんな私にとって当時の夢は、もちろんプロ野球選手になることでした。目標は長嶋茂雄さんです。毎日日が暮れるまで練習し、「頑張ったぶんだけ成長する」「努力したぶんだけうまくなる」という**体育会系の成功体験を骨の髄まで叩き込まれました。**

実際そうした鍛錬のせいもあって、私は〝東海地区屈指のスラッガー〟と呼ばれるようになりました。そして１９８４年の第56回選抜高等学校野球大会に出場。打順は四番。まさにチームの大黒柱です。

しかし私は大会前に足を痛めてしまい、大会では絶不調に陥りました。その結果、１回戦で徳島商に１－９と大敗。私の青春のすべてを賭けた挑戦は、不完全燃焼のままあっという間に終わってしまったのです。

バブル絶頂期、バリバリ働くことなら誰にも負けない

高校卒業後、私の野球に対する情熱はすっかり失われてしまいました。

小学生の頃からプロ野球選手になることしか考えていなかった人生です。一応推薦で大

学に進んだものの、同期のライバルがプロ入りしていくのを横目で見ながら、「もう自分はプロ野球選手になるのは無理だな……」という諦めの気持ちに包まれていました。

それは私にとって人生最初で最大の挫折でした。大学に入ってから1年くらいは立ち直れなかったし、知り合いがプロにいる間は野球の試合を観ることもできないくらい心の傷になりました。

自分は**人生の落伍者**だと思いました。夢を叶えられなかった自分を認められず、常に自信が持てない状態が続きました。そうした劣等感はその後10年以上、35歳くらいまで続いたように思います。

そんな鬱々とした私を救ってくれたのが、会社を興すという考えでした。

たまたま大学で出会った友人が熱心にサークル活動をやっていて、どうしてそんなに一生懸命やっているのか尋ねたら「俺は将来自分で事業をやりたいんだ」という答えが返ってきたのです。

会社を興す、起業する――それはこれまで考えたことがないアイデアでした。

私は生活のすべてを野球に捧げてきた人間です。野球を失った瞬間に自分の価値がゼロになったと感じ、「自分はこれからどうやって生きていけばいいんだろう?」という深い悩みに陥りました。

そんな時に出会ったのが、起業するという生き方でした。

改めて自分に何ができるか考えた時、**厳しい練習の中で培った根性や、人並み外れた練習量では誰にも負けない**と思いました。プロにこそなれなかったけど、自分はこれまでの人生で誰よりも練習に打ち込み、どんなに苦しい状況に置かれても決して音を上げなかったという自負はありました。

言うまでもなく、当時の野球は精神論が主流です。今のような科学技術や生理学に立脚したノウハウが導入される前であり、気合いやガッツ、忍耐や服従といった前時代的な根性論が幅を利かせていました。

起業という生き方なら自分は勝てるかもしれない。起業なんてしたことがない。ノウハウもないし、どんな苦労が待っているかを想像するのは難しい……でも、これまであれだけの猛練習に耐えてきたのだ。人の3倍努力することなんて朝飯前だし、野球で鍛えられた根性と度胸と体力には自信がある。やり抜く自信がある。これを武器にすれば世の中を渡っていけるんじゃないか……？

また、そう考えるようになったのは、当時の風潮もありました。

私の大学時代は、いわゆる**バブル経済の絶頂期**です。ＤＣブランドのファッションに高級時計、高級車、高級ホテルで高級ディナー。当時は物欲が全開の時代で、「ぜいたくな生活こそが幸せ」という考えが当たり前でした。テレビからは「24時間戦えますか」というCMソングが流れ、バリバリ稼いでバリバリ使う、バリバリ働いてバリバリ遊ぶ、そういうライフスタイルに誰もが迷うことなく突き進んでいました。

起業するという生き方なら、これまで鍛えてきた根性とガッツで戦っていけるかもしれない。疲れ知らずでバリバリ働くことならお手のものじゃないか……。

私は傷ついたプライドをよみがえらせるため、また、プロ野球選手に変わる新たなる目標として、会社を興すという考えに没頭するようになりました。

ただし〝起業をする〟という夢は抱いているものの、どんな会社をやるのか、どんな顧客を相手に、何のために事業をするのかについては一切わかりません。具体的なことは何も考えないまま、ただ漠然と「自分は会社を作るんだ。そして持ち前のガッツと根性でみんながうらやむ暮らしをするんだ」という根拠のない思い込みがあるだけです。

私は心の中にモヤモヤとくすぶる野心とコンプレックスを抱えたまま、大学を卒業して社会の荒波に飛び込みました。

MIND
CHANGE
22

自分はなぜ今の仕事を目指したのか？
そこに過去の成功体験や劣等感は影響してないか？

23歳で起業、最初は求人広告を扱っていた

実際に私の根性とガッツは、すぐに結果を出しました。

私は「いつか起業する」という野心を胸に秘めていましたが、それまで野球漬けの日々を送っていたこともあって世間一般のことについて何も知りません。ひとまずどこかの会社に就職して、自分はどんな分野で起業するべきか、起業するには何が必要か勉強することにしました。

大学卒業後、まずは建設設備業の会社に入社しました。ただ、そこは談合が中心だったため起業の参考にならないと思い、1年で退職しました。

次に入ったのは求人広告の会社でした。当時はリクルートを筆頭に求人広告が盛り上がっている時期でした。時はまだバブル経済の真っ只中。フリーターという言葉が流行したように、労働市場の自由化が進み、あちこちの会社が働き手を求めていました。

私はその会社に**入社して半年で、当時のトップセールス営業マンの2倍の売り上げを記録**するようになりました。

どうしてそんなに急に結果が出せたのか？

簡単な話です。私は1日100件の飛び込み営業を自分に課して実行したのです。それ

は当時のトップセールスの人の仕事ぶりをはるかに超える数字でした。

私は野球部時代、「こいつがこれだけ素振りしているなら、自分はそれ以上やろう」といった調子で練習に励んでいました。そのやり方を仕事にも持ち込んだのです。まずは**トップセールス営業マンをベンチマークに据え、彼を超えるノルマを自分に課しました。**そしてそれを愚直にこなしました。

一度決めたことを、ただひたすらに継続するのは野球をやっていた時から得意中の得意でした。根性、忍耐、誰にも負けない図抜けた体力。圧倒的な訪問件数を実現しているのだから、結果が付いてくるのは当たり前です。

そうした根性と気合いに加えて、結果への追い風になったのは仕事に対するやりがいでした。

私の実家は米屋を営んでおり、母から「**仕事は信用が一番大事**」ということを常に聞かされていました。なので「仕事は信用が第一」という考えが自然と身についていたのでしょう。広告の営業をしていても、闇雲に契約の獲得を目指すのではなく、「今はタイミングが悪いから広告を出すのはやめた方がいいですよ」とか「広告を打つなら今が最適ですよ」といったクライアントの立場に立った行動やアドバイスを心掛けました。

するとそうした私の姿勢が各企業の担当者の信用を集め、そこから紹介、紹介で自ずと成績は上がっていきました。

それは私にとって驚きの体験であり、大事な学びを授けてくれるものになりました。目の前の成果を追わない誠実な行動がクライアントの心をつかみ、まわりまわって結果に結びつくという教訓を教えてくれたからです。

広告会社に入社して半年で、私のことを応援してくれる企業があらわれ、彼らは次々と知り合いの会社を紹介してくれました。信頼を得たことで、私の中でもっとこの人たちの手助けをしたい、もっと役に立ちたいという想いが強くなっていきました。

それと同時に、安定的な仕事があることで「これで独立できるんじゃないか?」という考えが頭をもたげました。これまで目標としてきた起業の夢が、今こそ果たせるんじゃないかと感じました。

私はすぐにそれを実行に移しました。

1990年、求人広告会社をたった半年でやめて「有限会社サンアスト」を設立。

その時、私はまだ23歳。怖いもの知らずで、気合いと勢いだけが取り柄の経営者人生のスタートです。

MIND
CHANGE
23

起業のきっかけは何だったか？その時の〝初心〟を憶えているか？

安定しない業績、次々と辞めていく社員たち

サンアストは時流に応じてコロコロと業務内容を変えていきました。

そもそも私は「これがやりたい」と思って会社を立ち上げた人間ではありません。起業することと自体が目的だったので、正直どんなビジネスを展開するかにはそれほどのこだわりはありません。なので**必要とされる仕事や儲かりそうなビジネスがあればそちらの方に流れていく**、フレキシブルな（ある意味、無節操な）スタイルで事業を進めていくことになりました。

当初は以前の仕事の延長で求人広告を扱っていましたが、いざはじめてみると売り上げが安定しません。起業2年目には地元出版社の社長さんを紹介され、そこが出しているファッション誌の広告営業に転向しました。

ここでは単なる出稿ではなく、雑誌のページを借り切ってクライアントを紹介する記事を作る「記事広告」というスタイルがヒットしました。美容室特集、レストラン特集、ブランド特集……さまざまな特集を編集部と一緒に作り、そこに掲載する店舗を営業で獲得するのです。

一見広告っぽさがなく、普通の記事に見えるという形態はクライアントに好評でした。し

かも当時はファッション雑誌の全盛期。記事広告というスタイルをやっているところは私たち以外他にありません。

伸び盛りのブルー・オーシャンを独占できたことで契約は次々と決まり、会社の売り上げはすぐに伸びました。売り上げが増えたこともあって私は人を採用し、社員は6人まで増えました。オフィスも以前はマンションのワンルームだったのが、30坪近くある広いところに引っ越しました。

しかし、調子のいい時期はそれほど長く続きませんでした。当初私たちしかやっていなかった記事広告のスタイルはすぐに他の代理店に模倣され、あっという間に私たちの特権はなくなってしまったのです。

会社はすぐに不穏な空気に包まれるようになりました。以前のように売り上げが上がらないことで社内に閉塞感が生まれます。人間関係もギスギスしてきました。売り上げが上がらないので給料も上がらず、仕事に対するモチベーションが低下して社員が次々と辞めていきます。

苦しい時に打つ手というのは、そのほとんどがうまくいかないものです。私はこうした状況に焦りを感じ、やり手の営業マンを社内に引き入れ、会社を立て直そうとしました。彼を会社のナンバー2にして、会社の空気を一新しようとしたのです。

しかし、この施策は完全に裏目に出ました。彼はバラバラになりかけている社員の心をひとつにまとめるどころか、「現状売り上げが伸び悩んでいるのは、会社のやり方が間違っているからだ！」とこちらを責め立ててきたのです。私は社員たちから厳しい突き上げを喰らい、その対応に走り回りました。

私は社員が辞めるのを防ぐため、彼らの不満を聞き、なんとかそれに応えようとしました。私は当時26歳。まだ若かったせいもありますが、社員の声を丁寧に聞いてそれに応えていけば、きっと会社はよくなるはずだと無邪気に信じていたのです。

給与の面、労働時間の面、労働環境の面……さまざまな面で譲歩して、社員の仕事に対するモチベーションを高めようとしました。

しかし1人辞め、2人辞め……ということが続くと、会社の空気はますます悪化していきます。「もう、この会社はダメだな」という空気が支配的になり、「あいつが辞めたのなら俺も」「じゃあ、私も」と離職の連鎖は止まりません。最終的には創立当時から一緒にやってきた同級生以外、全員が会社から離れてしまいました。

私は誰もいなくなった30坪のオフィスに呆然と立ちすくみました。

記事広告がヒットして意気揚々とここに引っ越してわずか半年。さまざまな手を打ち、社員を引き留めようとしたにもかかわらず、結局すべてを失くしてしまったのです。

MIND
▼
CHANGE
24

止まらない離職。どうすれば社員を引き留められたか?

どうしてみんなもっと努力しようとしないんだ?

会社をまとめることができず、社員の大半を失ってしまった背景には、会社の主要事業だった広告営業の不振もありますが、経営者としての私の資質に問題があったところも否めません。

私は自分の根性や努力に関しては自信があると書きました。つまり野球をやっていた頃からこの時期に至るまで、ずっと〝ソロプレイヤー〟としての気質が抜けていなかったところがあったのです。

私は自分で努力して、自分の成績を伸ばすという行為には慣れていました。「将来こうなりたいから、そのために今はこれをやらなければいけない」と逆算して計画を立て、未来の目標のために必要な鍛錬を黙々とこなしていく。目標を叶えるためなら、どんな苦労にも耐えるし、どんな厳しい練習もいとわない――。

私がそれまで身につけてきたのは、そうしたソロプレイヤーとしての成功体験であり、実際それで結果を手にしました。プロ野球選手にこそなれなかったものの、甲子園で四番を打ったし、求人広告の会社では入社半年でトップセールスの座に就くことができました。

私にとって努力と根性こそが成功するための必要条件であり、むしろ「**努力と根性さえ**

あれば誰でも成功できる。どうしてみんなそれをやらないんだろう？」と考えていたほどです。

しかし、ひとりのプレイヤー＝営業マンとして自分だけで完結しているうちはよかったのですが、会社を経営するとなるといろいろな社員に接することになります。正直に言うと、私は**彼らのあまりのやる気のなさに愕然としました。**

どうしてもっと成績を上げたいと思わないんだろう？

どうしてもっと努力しようとしないんだろう？

それほど成功などしなくていいと思っているのなら、一体彼らは何のために働いているんだろう……？

おそらく私は〝できる人〟だったのです。だから〝できない人〟の気持ちがわからなかったのです。

私にとって成功したいと思うこと、自分の成長を目指すこと、そのために努力すること、結果が出るまでやり続けること……それらはどれも当たり前のことですが、多くの人にとってそれは当たり前ではないようでした。

みんな成長や成功などそれほど重視せず、そこそこのお金がもらえて楽しく暮らせればそれでいいようでした。私は「誰かに喜んでもらうこと、自分の成長を実感して成果を出すことこそ働くことの醍醐味」と思っていたので、そもそもお金のためだけに働くという考え方が理解できません。

それは見方を変えれば、私の気持ちが営業マン＝プレイヤーのままで、経営者＝マネージャーのマインドに切り替えられていなかったことを表しているかもしれません。私は社員に自分のやり方を押し付け、「どうしてこんな簡単なことができないんだ？」と憤慨しました。それは彼らを同じプレイヤー目線で見ているからであり、「そもそも全員が異なる人間である」「できない人をどうできるようにするかが重要である」と考える経営者の目線とは根本的に異なったものでした。

自分の考え方と社員の考え方が違いすぎる。私は他人とは違う間違った考え方に囚われているのだろうか……？

そうした違いはいろいろな局面で感じました。

たとえば、最初の頃はお客様からの感謝の手紙ひとつで、みんな感動して一緒に涙を流していたのに、事業が下り坂になった途端、そんな感動などなかったかのように、冷淡な表情で会社を辞めていきます。ほんの数ヶ月前のあの一体感は何だったのか？　あの時に流した涙は何だったのか……？

この頃、私は最初の人間不信に陥ったことを憶えています。

MIND
CHANGE
25

自分の成功体験を社員に押し付けていないか？

年商5億円に成長、しかしその裏では不安と恐怖が……

ただ、私の経営者としてのキャリアはそこで終わりませんでした。

新入社員が全員辞め、創業メンバーと2人になったところから、再び事業に取り組んでいきました。今度は別の方との出会いから、「不動産広告をやらないか?」という話が持ちかけられました。

不動産広告とはマンションの販売に関わる仕事です。当然ながら動くお金も大きく、ファッション雑誌の営業とは桁違いです。それまではリスクが大きいので避けてきましたが、経営的にそうも言っていられません。私はそれを引き受けることにしました。

結果的にはこれが当たりました。私は不動産広告を皮切りに事業の幅を広げ、マーケティングからイベント制作といった企業のプロモーション全般に関わるようになりました。

再び売り上げはうなぎのぼりになりました。**最盛期は年商が5億円**に達しました。従業員も次々と入社し、**社員12名**という規模にまで会社は発展していきました。

その時、私は35歳だったと思います。

やはり数字が上がるのはうれしいものです。数字が上がると社員のモチベーションも上がります。会社の雰囲気も盛り上がります。売り上げ、契約件数、社員数、純利益……それらが上がることで給料やボーナスも上がるので、みんな笑顔になります。

野球をやっていた頃もそうですが、**数字はわかりやすい指標であり、どこか麻薬のようなところがあります**。数字が上がれば自分の実力もポテンシャルも上がったような気になるし、無敵な気分になります。本当は「数字＝幸せ」ではないはずなのに、私たちは目に見える結果がほしくて、ついつい数字を上げることに躍起になってしまいます。

この時期、会社は売り上げを伸ばしていましたが、一方で経営上の戦略というのはほぼ皆無でした。あえて言えば、誠実さや根性が戦略。会社の目的は「売り上げを上げること」のみで、それさえ達成できればあとは何でもいいという状態です。

私がやっていることは以前の求人広告会社の時と何も変わっていませんでした。とにかく足しげく営業先に向かい、寝る間も惜しんで仕事し、気合いとガッツと多少の誠実さで契約を獲得する。そこには特定のメソッドや方法論などなく、ただひたすらに、ガムシャラに頑張り続ける体育会系の根性論があるだけでした。

売り上げも伸び、会社の規模も大きくなっているけど、そこに確固たる戦略や裏付けはない。力任せのパワープレイで目の前の契約に飛びついているだけ――。

だからでしょうか、その頃は**会社として成長を続けているにもかかわらず、私の心の中は常に不安で満たされていました**。会社の規模が大きくなり、社員数が増えれば増えるほど、私の中にはそれを失う恐怖が膨らんでいきました。

私の中には数年前、ファッション雑誌の広告営業をやっていた時のトラウマがまだ生々しく残っていました。

今は売り上げが上がっているけど、これが下り坂になったらまた会社の雰囲気が悪くなるんじゃないか？　そうしたら社員は辞めてしまうんじゃないか？　もしも今の成長が止まったら、社員は幸福感を感じられなくなるんじゃないか？　そうなると、またみんな私から離れてしまうんじゃないか……？

心に刻まれた人間不信の深い傷が、私の恐怖をかきたてました。

成長が止まったら会社が終わる……ここまで築き上げたものをすべて失ってしまう……だったらなんとしてでも売り上げを伸ばし続けるしかない……それしか私の生きる道はない……！

今冷静に考えたら、滑稽な思い込みにすぎないのかもしれません。

しかし、当時の私は本気でガタガタ震えていました。まわりからは調子がよさそうに思われていましたが、私は**「成長が止まったらすべてを失う」という強迫観念**に脅かされて、内心は不安で不安で仕方ない状態だったのです。

MIND
▼
CHANGE
26

一番稼いでいた時期は一番幸せな時期だったか？

毎月200万円の赤字、精神安定剤が手放せない毎日

拡大する恐怖を感じながら、それでも拡大を止められない――それは明らかに矛盾した感情ですが、私はその両方を抱えて会社の経営を続けました。

そんなアンバランスなやり方が長続きするはずありません。

ちょうどその頃、クライアントを巡る状況も混沌としていました。当時会社の事業の中心は総合プロモーション業に移行していましたが、パチンコ関係の依頼が増え、気がつけば売り上げの8割をパチンコ業界の仕事が占めるようになっていました。さらに売り上げの6割が、特定の1企業との取り引きによるものです。

普通に考えれば、これはとても健全な経営とは言えません。5億円の売り上げの大半をひとつの業界に依存し、5億円のうちの3億円が1社との取り引きによるのです。その会社との取り引きはあっという間に膨らんでしまったとはいえ、あまりにもリスクが大きすぎるやり方です。

ひとつの会社に依存する経営は精神的にも苦しいものでした。その会社との取り引きが断たれてしまえば、私の会社が立ち行かなくなるのは明らかです。それを知っている先方は強気な態度でこちらに臨みます。こちらもそれを拒絶することはできません。

私たちは深夜に呼び出され、急な変更など無理難題を押し付けられました。スケジュールや予算感も先方に従うしかなく、文句を付けることはできません。当然のことながら社員のストレスも溜まっていきますし、会社の士気も低下します。

それでも私はその会社との取り引きをやめることができませんでした。年間売り上げ5億円のうち3億円を彼らが握っているのです。彼らとの仕事をやめたら売り上げが激減してしまいます。売り上げが下がるというのは、私にとって最も避けなければならない最悪の事態です。

取り引きを続けるも地獄、やめるも地獄……事件が起こったのはそんな時でした。

故・安倍晋三氏の総理大臣就任に伴い、ギャンブル性が高いスロットの一部が法規制されることになりました。当時スロットはパチンコ業界の稼ぎ頭でした。当然業界は大打撃です。

会社の得意先である8割のクライアントが大幅な収入減を余儀なくされ、彼らは簡単に手を付けられる広告宣伝費と販促費をすぐさまカットするという経営判断を実行に移しました。

それはものの見事にわが社を直撃しました。会社経営は毎月200万円の赤字に転落しました。

タイミングが悪いことに、ちょうどその直前、私は会社の将来に危機感を感じて次の一手を打っていました。1つの業界への依存を減らすため、新たな事業への進出を目論み、研修ルームを併設した広い事務所に移転したばかりだったのです。

そこから眠れない日々がはじまりました。**精神安定剤が手放せなくなり**、夜はまったく眠れません。過緊張のため顔面は常にピリピリと痙攣しています。

毎月毎月200万円が消えていくのです。売り上げがマイナスになっていることもショックでしたが、「これが社員に知れたら、またみんないなくなってしまう」という不安がさらに私を追い詰めました。

だから誰にも相談できませんでした。当然適切な対処法も思いつきません。そうこうしている間にも刻々と赤字は膨らんでいきます……。

今こうして書いていても、あの頃のことを思い出すと全身に冷や汗が浮かんできます。自分がまずい状況にいることはわかっているのにそこから抜け出せない恐怖、息もできなくなるような重苦しい圧迫感は、それを体験した会社経営者にしか理解できないものだと思います。

私は文字通り生きた心地のしない日々を送り、絶望と不安の中をさまよい続けました。

MIND
▼
CHANGE
27

絶望と恐怖の日々を憶えているか？それはどんな学びをもたらしたか？

本当に大事なものに気づかせてくれた妻の一言

さらに間の悪いことに、その時、私はプライベートでも家を建てたばかりでした。結婚はかなり以前にしていましたが、なかなか子供ができず、不妊治療の末にやっと子供が生まれたタイミングで念願のマイホームを購入したのです。

ある意味、それは私にとって成功の絶頂でもありました。頂点から転落する不安は感じているものの、会社は過去最高の売り上げを更新して、新しいオフィスに移転。待ち望んでいた子供も生まれて、若かりし頃「プロ野球選手になったらこんな家に住みたい」と思っていたようなガレージ付きの家も購入しました。ずっと思い描いていた〝成功〟を私は手に入れたのです。

しかし、そうした成功が手に入った瞬間、パチンコ業界の大恐慌が起こりました。会社は毎月200万円の赤字に転落し、精神安定剤が手放せない生活に陥りました。

せっかく幸せを手にしたのに、家も会社も失わなければならないかもしれない……。状況が好転する気配は一向にありません。

私はついに耐えきれなくなって、妻に告白しました。

「実は会社が限界なんだ。せっかく家を建てたけど、もう無理かもしれない……」

その時、妻が言った言葉が忘れられません。

「あなたにとって一番大事なのものって何？」

「それはもちろん家族だよ。せっかく子供も生まれて、夢のマイホームも手に入れてこれからもっと幸せになれるって時なのに、会社は潰れるかもしれないし、家も売りに出さなきゃいけないかもしれない……」

ぐちぐちと弱音を吐く私をさえぎって、妻はもう一度言いました。

「だからあなたにとって一番大切なものは何なの？」

「だから家族だって言ってるだろ！　家族を幸せにするためにこれまで必死に頑張ってきたんじゃないか。それなのにこんなことになってしまって……」

私の言葉を受けて、彼女は言いました。

「でも、**家やお金を失ったとしても、家族は失ってないじゃない？**」

その言葉に私はハッとしました。

確かに妻の言う通りでした。私は家やお金は失おうとしているかもしれないけど、一番大事だと言っている家族はなくなるわけでも傷つくわけでもないのです。一番大事なものが家族だとするなら、一体私は何をそううろたえているのでしょう？　どうしてそこまで絶望的になる必要があるのでしょう？

妻の言葉は私の中にある欺まんや思い込みを暴き立ててくれました。

私は家族が大事だと言いながら、「家やお金といった物質こそが重要」という既成概念に囚われていたのです。誰も「豪華なマイホームがほしい」とか「ぜいたくな暮らしがしたい」なんて言ってないのに、家族にはそうした物質的幸福感が必要だと勝手に思い込んでいたのです。

妻との会話は私の人生の大きな転換点になりました。目からうろこが落ちたし、自分がいかに凝り固まった価値観に囚われていたのか痛感しました。

結局私は家族が大事と言いながら、家やお金といった物質面しか信じていなかったのです。心と心のつながりではなく、立派な家やぜいたくな暮らしばかりを追いかけていたのです。

妻の誠実な対応は、もうひとつの大事な真実を私に教えてくれました。

本当の幸せは物質にあるのではない。お互い本音で語り合えたり支え合えたりする関係こそが幸せなのだ。つまり、**幸せというのは〝心〟**だ――。

会社の経営的にも精神的にもドン底の状態で手にした真実が、その後、私の経営哲学の基本となり、私を救ってくれることになります。

MIND
▼
CHANGE
28

あなたにとって一番大切なものは何か？それは既成概念やプライドで歪められてないか？

売上至上主義に代わる会社経営の命題は何だろう？

では、お得意先だったパチンコ業界の仕事を失い、毎月２００万円の赤字を背負うことになって会社はどうなったのでしょう？

このピンチを救ってくれたのは、大量の社員が辞めた時も唯一会社に残ってくれたあの同級生の社員でした。

当時、彼はある研修を受けていたのですが、それはひたすら売り上げを追求するこれまでの経営方針を改め、固定費や変動費を圧縮することで利益を最大化するというものでした。第１章や第２章で私が書いてきた、売り上げ至上主義を捨てるやり方の原点がここにあります。

彼は研修で教わった通り、会社の削れる経費を次々と削っていきました。

それまで私は社員に多くのお金を使っていました。彼らを会社に引き留めるには待遇を上げるしかないと思っていたため、活躍した社員には１００万円を超えるボーナスを支給。他にも毎月フランス料理をごちそうしたり、社員旅行で海外に連れて行ったりと大盤振舞いを繰り返していました。

それらは私の家族に対する態度と同様、**「物質的豊かさこそ相手を幸せにするはず」**という思い込みからの行動でしたが、こうした経費を削減していくと毎月200万円はすぐにクリアし、会社はあっという間に黒字に転換しました。

ただ、ボーナスや福利厚生が乏しくなってしまったことで会社を辞めていく社員もいました。その一方で「金の切れ目が縁の切れ目」にならず、その後も残ってくれた社員がいたのも事実です。

それは私に「常に売り上げを上げていないと社員が離れていく」という思い込みが必ずしも真実ではないことを教えてくれました。

確かに物質的豊かさを与えることで付いてくる社員もいましたが、全員が全員そうではありません。「お金がなくても付いてきてくれる人がいるんだ」という発見は妻の言葉と同様、私に新しい価値観を植え付けてくれました。

そこから私の仕事に対する模索がはじまります。

パチンコ業界の仕事を失った後、今度は葬儀業界、そして再び不動産業界の仕事を得て食いつないでいましたが、どうしても以前ほどの熱量で業務に向き合えません。前述したように「ひたすら規模の拡大を推し進めた挙句の大暴落」を経験した後では、会社を大きくしたり闇雲に売り上げを増やしたりしていくことに虚しさを覚えるようになっていたのです。

結局そんなことをしても失う不安におびえるだけだし、社員も離れる時は離れてしまう。

物質的な幸せは真の幸せに結びつくわけではないのです。

ただ、そうは思っても、そこから脱却する方法がわかりません。これまで物質的な幸福だけを追い求めてきたのに、急にそれを否定されても、じゃあ次に何を目標を据えればいいか誰も示してはくれません。私はもやもやした気持ちを抱えたまま、ひとまずこれまでと同じような業務を粛々と続けました。

危機は脱したものの、会社を経営していく上での充実感や未来に対する希望は持てません。これまで会社を牽引してきた「とにかく売り上げを上げる」「会社を大きくする」といった命題に変わるものは何だろう……？

そんな時に思い出したのが、以前お世話になった経営コンサルタントさんが口癖のように言っていた言葉でした。

「ビジネスは客数じゃなく客層だ」

あれは一体どういう意味だったんだろう？

その言葉が私の中でがぜん意味を持ちはじめたのです。

MIND
▼
CHANGE
29

社員が本当に求めているものは何だろう？お金や休暇、待遇だけだろうか？

「ビジネスは客数じゃなく客層だ」の真意

ビジネスは客数じゃなく客層だ。

私はこれを「〝**数**〟**を求める経営ではなく、**〝**人**〟**のために経営すること**」と解釈しました。

これまで私はどうやって顧客を増やすか、どうやって売り上げを伸ばすかということばかり考えてきましたが、そうではなくて、自分は誰のために働くのが好きなのか、誰のために尽くすことが幸せか——考え方の軸を180度転換してみたのです。

考えてみれば、これまで仕事をしていて幸せを感じたのは、大切なお客様のために働き、感謝の言葉をもらえた時でした。求人広告の営業をしていた時、私は成果を出し続けましたが、あの時も自分のためではなく相手のためを思ってアドバイスをしていたら、それが結果的に成績に結びついたのです。

会社経営の目的を、規模の拡大ではなく、自分が大切だと思う特定のお客様を幸せにすることに変更する。自社のためでなく、周囲の大事な人たちのためにビジネスを行う。つまり**利己主義ではなく**〝**利他**〟**の精神で仕事に当たる**——。

仕事に対する向き合い方をそう変えてみたところ、すぐに結果が出ました。〝誰か〟のために仕事をすることで、その方からの信頼が得られ、売り上げが向上したのです。

それに加えて相手からは頻繁に感謝の言葉をもらえるようになりました。それは「これが仕事のやりがいだな」と思えるほどうれしいことでした。闇雲に売り上げを求めないので会社の業績は下がりましたが、社員は離れていくどころかむしろ、大事なお客様と深い付き合いができて感謝の言葉までもらえることを喜んでいました。

私は一人一人のお客さまにしっかり向き合うため、会社の業務形態を広告営業からコンサルティング業全般に転換しました。年齢的にはちょうど40歳を過ぎた頃です。

そこから商品戦略や顧客管理、プロモーションやターゲット戦略に関して独自のメソッドを積み上げていき、それを「**ミッション経営**」という形にまとめました。

そうした一世一代のマインドチェンジを行って5年後、会社の売り上げは5000万円まで下がりました。ピーク時が5億円だったことを考えると、10分の1まで縮小したことになります。しかしその代わり**1人あたりの売り上げは格段に増えました**。社員数を減らし、余計な経費を削り、大きなリターンをもたらしてくれる優良顧客にだけ会社のリソースを投入したことで実際の利益率は何倍にも向上したのです。

ちなみに現在も私の会社は売り上げ1億円を超えていませんが、社員1人あたりの生産性は2000万円を超えています。社員1人あたりの粗利が2000万円を超えていれば経営はラクだし、お金のことについて心配することはほぼありません。

MIND
CHANGE
30

仕事をしていて幸せを感じるのはどんな時か？

どうして私はマインドチェンジできたのか？

これまで経営者として私が辿った道のりをざっと語ってきました。私が自らの失敗も含めて体験を綴ったのは、私の考え方や失敗の中にみなさんも共感してくれる要素があるんじゃないかと思ったからです。

とにかくキラキラした成功が欲しくて、規模の拡大に邁進した創業当初。しかしいざ物質的成功を手に入れてみると、それを失う恐怖に苛まれて幸福感なんてまったく感じられなかった。目の前の売り上げを得るため、納得のいかない契約を結んで、取り引き先に振り回された。その一方で「売り上げを上げる」「会社を大きくする」以外の経営の目的が見つけられず途方に暮れた……。

はたしてこれは私だけの特殊な体験なのでしょうか？　他の経営者のみなさんも多かれ少なかれ、似たような経験をしたことがあるのではないでしょうか？

また、これは別の視点から見れば、**日本の経済史を巡る変化とも重なります**。とにかく物質的幸福を追求した高度経済成長時代、日本は「もっと稼いで、もっとモノを増やす」「もっと成長して、もっと会社を大きくする」という拡大主義で成長しましたが、それが行き着くところまで行き着いて破綻したのがバブル経済でした。

あれから続く〝失われた30年〟、それはマネーゲームや規模の拡大に代わる幸福を追求するための時間だったように思えます。

自分は何のために働くのか？　会社は何のために存在するのか？　それは自らの幸せのためであり、そのためには自分が大切に思う人たちを幸せにすることが重要なのではないか――。

この本の冒頭に記した〝土の時代〟から〝風の時代〟への変化は、まさに社会を取り巻く価値観の変化を象徴しています。

もはや私たちはお金を儲けるためだけの会社経営では満足できなくなっています。真に重要なのは、幸福を感じながら働くことであり、そのためには収益の部分も含めて相手先の幸福と自社の幸福、その両立が欠かせません。

何度も書きますが、私たちはお金を稼ぐために生きているのではなく、幸せになるために生きているのです。お金を稼ぐというのは、幸せになるための手段に過ぎません。

この本はそうしたマインドチェンジの重要性についてみなさんに訴えるのが目的ですが、この章の最後では、どうして私がマインドチェンジできたのかについて記します。

一言で言うと、それは**一度諦めたから**です。

以前の私は会社を大きくすること、経営者として成功することばかり考えていましたが、経営危機に見舞われて以降は「**この人たちのために仕事をして、それで失敗するのなら仕方ない**」と思うようになりました。つまり会社経営の目的が成功・失敗という結果ではなく、「とにかくこの人たちと仕事をしたい」「この人たちのために仕事をしたい」というプロセスに移行したのです。

そのことによって私の肚は座りました。自分の中に覚悟が生まれたというか、頭で計算して会社を動かすのではなく、心の中の信念に従って行動するようになったのです。

いったんこうしたマインドチェンジを行ってしまえば、実際の経営現場はドミノが次々倒れていくように一気に変わっていくものです。

ではそうしたマインドチェンジの先にある「ミッション経営」とは具体的にどういうものなのでしょう?

その中身に関しては次章で説明していきましょう。

MIND
▼
CHANGE
31

頭で経営しているか、心で経営しているか？

第4章

今、ミッション経営が求められる理由

ミッション経営を知るための11項目

【1】ミッション経営とは何か？

かつてない時代には新しい経営スタイルが必要

これまでマインドチェンジの必要性について私の体験も交えながら語ってきましたが、では経営者はどのように変わればいいのでしょう？　マインドチェンジして向かう先はどんな姿なのでしょうか？

この章では私たちが目指すべき現代的な経営手法である「ミッション経営」の概略について述べたいと思います。

まずミッション経営とは何なのか？

ミッション経営とは **「経営者の自己実現を追求し、社員・お客様・経営者のすべてが幸せになる」経営改革メソッド**です。

これまで説明してきたように、長く経営をしていると無意識のうちに売り上げや規模の拡大を成功だと思い込んでしまいます。そのためには社員の能力向上が必要だと思い、社員教育をむりやり推し進めたりします。

「社員が育てば売り上げが上がり、売り上げが上がれば社員が喜ぶ」

実はこの「目の前の課題を解決することで経営が良くなる」という思い込みと行動が、うまくいかない原因なのです。

ミッション経営は目先の課題解決ではなく課題の本質を明確にし、**〝お金〟と〝人〟の問題を同時に解決する仕組みを作る逆転発想型の経営メソッド**です。

ミッション経営は企業ミッションに基づき、経営者が中心となって、

- **売れ続ける仕組み**
- **投資回収の仕組み**
- **人が育つ仕組み**

の3つの勝ちパターンを順序立てて作り上げることによって、社員の負担を減らし、利益が向上する生産性の高いビジネスモデルを作っていきます。

そのためには経営者の意識改革が非常に重要です。

今の日本は人口減少・働き手不足が加速し、生成AIなどデジタル化やテクノロジーの進展が猛スピードで進んでいます。どの市場も縮小傾向な上、従業員の獲得もままならない状況です。

はたしてこの状況は今後解消されるものでしょうか？　残念ながら加速することはあっ

ても以前の状態に戻ることはもうないと思われます。今後はこうした新しい経営環境に適応できる会社経営を行う必要があります。

そんな変化が当たり前の状況においては、「何をすれば売り上げが伸びるのか？」「どうすれば社員を採用して育てることができるのか？」といった目先の課題を解決する姿勢では対応できません。

それよりもすべての土台である**「何のために経営するのか？」という本質的命題**＝ミッションを明確にして、それに基づいて行動することが必要です。

「誰に、どのような価値を、どのように」提供するか？

多くの会社は経営理念を掲げて活動しています。「私たちにはミッションはないけど、理念に基づいて経営しているから大丈夫」と思っている経営者もいらっしゃるかもしれません。

しかし実際はどうでしょう。

普通、経営理念では「誰にどのような価値を提供するか？」ということまでは明確にしていません。目先の売り上げのために安易な安売りや過剰なサービスに走ったりしていませんか？　いろいろな商品やサービスを思い付きで乱発し、現場を混乱に陥れていませんか？　それで多少は売り上げが伸びたかもしれませんが、社員は疲弊して仕事に対するモチベーションや生産性の低下を招いたりしていませんか？

私たちの提案するミッション経営では、この**「誰に？」「どのような価値を？」「どのように？」提供するのか**をミッションとして構築します。そしてそのミッションに基づき、前述したように「売れ続ける仕組み」「投資回収の仕組み」「人が育つ仕組み」という3つの勝ちパターンを構築していきます。

ミッション経営はこれまでの経営手法が通用しなくなった現代のための経営メソッドです。

かつて高度経済成長時代からバブル経済の頃までは、「とにかく売り上げを伸ばす」「とにかく会社を大きくする」という規模の追求でも十分に通用しました。時代が右肩上がりだったため、目の前の仕事を獲得するという短期的視点でもなんとかなったのです。

しかし今の時代、もうそれでは経営は成り立たないし、社員も付いてきてくれません。会社経営をしていると数多くの課題に直面します。自分の会社を見渡して、ひとつの課題も見つからないという経営者は一人もいないことでしょう。

- **原価が高騰しているけど値上げに踏み切れず利益が出ない**

- **値引対応で売り上げを維持できたけど利益が減少してしまった**
- **お店にお客様が増えてきたけどスタッフが足りない**
- **ようやく採用した社員が短期間で辞めてしまう**
- **頼りにしていた営業マンが辞めてしまい代わりがいない**

どれも私がクライアントから受ける相談の中でよく聞く内容です。

しかし昨今、これらの課題の解決は、値付けの見直しや採用の強化といった小手先のテクニックでは対応できません。今は人口減少、働き手不足、デジタル技術など、社会全体がめまぐるしく変化する時代です。課題を解決しようとマーケティングや経営計画、人材育成など必要な部分を個別に強化しても、ほとんど結果につながらないのが現状です。

つまり、もはや**目の前の課題に対処療法的に対応しても意味がない**のです。重要なのは問題を俯瞰して捉え、「自分は何のために仕事をしているのか?」「何のために会社を経営しているのか?」という本質に立ち返ることです。

私たちは高度経済成長時代からバブル経済の時代に通用していた古い考え方・思い込みを捨て去り、これからの時代に必要な新たな経営スタイルを導入しなければなりません。

そのヒントとなる考え方のいくつかを、これから紹介していきたいと思います。

MIND
▼
CHANGE
32

社会も経営環境も激変しているのにどうしてこれまでの経営スタイルを続けるのか？

【2】「やる」のではなく「やめる」という選択

問題の本質に気づけばすべてはドミノ倒しのように解決する

先程、中小企業経営者は常に多くの課題を抱えていると書きました。私は経営者のみなさんから、「問題だらけで何から手をつけていいかわからない」「いろいろ試しているけれど、なかなか出口が見えない」という相談を受けます。

それは問題の本質を理解できていない証拠です。

問題の本質を理解せず、ただ闇雲に動いても問題が解決することはありません。不安がさらに増していき、ストレスが膨らむだけです。

しかし、問題の本質を理解できれば、後は順番に対策するだけになります。**会社の真の問題に気づけば、すべての問題はドミノ倒しのように解決する**のです。したがって、問題の本質に気づけるかどうかが経営の成果を左右し、〝幸せな経営〟を実現するカギになります。

ここで重要なのは「問題は経営者自身の心の中にある」ということです。

経営者のあなたが、本当にやりたいことは何でしょうか？　何をやっている時間が一番幸せでしょうか？

自分の本質を見極めなければ、経営における確固たる信念は浮かび上がってきません。自分の信念を持たず、「現状のままでは不安だから」「社員を食わせるためにやらなければいけないから」という漠然とした考えで経営を行ってはいないでしょうか。

自分の中に確固たる信念がないと、経営の方向性も明確にできず、問題の根本的解決にも辿り着けません。「とりあえず売り上げを上げるために、クライアントに奉仕するしかない」「何とかして生き残るために、商品を値下げしてたくさん売ろう」といった場当たり的な対処しかできません。

しかし、経営者自身が自分の使命に気づけば、進むべき方向が明確になり、問題発見能力を高められます。まずは自分自身の心に問いかけることからはじめるべきでしょう。

「やめる」ができないのは自分の中に基準がないから

会社を前に進める原動力となるのは、みなさんの意思決定です。意思決定の中でも一番重要なのは「やめる」決断です。

一般的に経営者は「やる」決断は得意ですが、「やめる」決断は苦手です。一方で社員は「やる」決断は不得意ですが、「やめる」決断は得意としています。

なぜ、経営者はやめる決断を苦手としているのでしょう？　それは**自分の中に確固たる基準がないから**です。

自社がやるべきこと・やるべきではないことは何なのか。自社にとって「安売り」「過剰なサービス」とは何なのか。そうした基準を持っていないと物事をやめる決断ができず、ズルズルと続けることになります。

一方、確固たる基準があれば、「うちの基準に沿っていないからやめる」「ミッションに反することになるからやらない」という意思決定が即座に行えます。

こうした基準は社内の共通言語にもなります。自社のミッションを定め、**基準を明確にするというのは、社内の共通言語を作るということ**です。それらが明確になっていれば、社員は自社の向かうべき方向性を理解して、一緒に歩みを進めてくれます。

その結果、社員は楽しんで仕事をしてくれるようになります。経営者があれこれと言わずとも自分たちで問題を発見し、改善し、職場環境を良くしていくようになります。

そのような会社になったらワクワクしませんか？

毎日ワクワクした気持ちで仕事に取り組める幸せな経営を想像してください。

これからの日本は少子高齢化の進行により人口が減少し、人手不足がますます深刻化します。その結果、マーケットが縮小していきます。マーケットの縮小に抗うため、これまでと同様、規模を拡大して売り上げを伸ばすという戦略をとる会社も多いことでしょう。しかし、そのような戦略が最良の手ではないことは言うまでもありません。

小規模企業が追求すべきは売り上げ規模ではありません。**自社にとっての「ファン客」にターゲットを定め、お客様や社員と一緒に楽しみながら会社を成長させること**です。

そのように頭が切り替えられるかどうかで、5年後、10年後の会社の姿は大きく変わってきます。

問題発見能力を磨くことで、経営者は楽しく経営を行えます。問題を解決すれば会社の成長につながるからです。こうした姿勢が身につけば、問題を見つけた瞬間から「どうやって解決しようか」と興奮を覚えるようになります。経営者が楽しみながら仕事をしていれば、共通言語を通じてわかり合っている社員も楽しみながら仕事をするようになります。

何を学ぶかよりも、何のために学ぶかを理解することが重要です。知識を学ぶ前に、まず自社の問題を発見する能力を身につけること――

それがワクワクする経営へとつながる道筋です。

MIND
▼
CHANGE
33

「やる」「やる」「やる」を押し通してないか？「やめる」を実行したことはあるか？

【3】対処型経営から本質型経営へ

対処型経営ではもぐら叩きのように課題は出続ける

複雑で変化の激しい現代のビジネス環境において、経営者は常に悩みや問題に直面しています。これらの課題に対応するには適切なアプローチが必要です。

経営者の問題解決アプローチには**「対処型経営」**と**「本質型経営」**の2つのやり方があります。

対処型経営は、目の前の問題に迅速に対応することを重視するスタイルです。問題の根本原因を深く分析することなく、とりあえず目の前の問題の解決を目指します。長期的視野に立った計画より短期的な利益や成果を優先する、といった特徴があります。

たとえば「忙しくて人手が足りないから人材を採用しよう」「売り上げを増やしたいから値下げしよう」「SNSが流行っているからうちもやってみよう」「社員の離職率を下げたいから待遇を良くしよう」といったその場しのぎのアプローチが対処型経営に当たります。

対処型経営はフットワークが軽く、迅速で柔軟な対応をしているように思えますが、その一方で多くの課題を置き去りにしています。

まず、目先の解決策に注力してしまうため、問題の本質的な解決にはなりません。そのため今後も同じ問題が発生するリスクがあります。また、短期的な思考だけで策を講じているので、組織の持続的な成長を阻害するおそれがあります。

そしてこれらの場当たり的な対応は、社員の業務負荷やストレスを増加させる場合もあります。彼らのモチベーションを低下させ、組織全体のパフォーマンスに悪影響を及ぼしてしまうのです。

加えて対処型経営による解決策は、二次的な問題を引き起こすこともあります。安易な割引キャンペーンや人材採用がコスト増加につながったり、企業のブランドイメージを低下させたりする場合です。安売りなど安易に売り上げを上げるテクニックを社員が身につけると、社員の成長が止まるだけでなく、客層が悪くなることも考えられます。

社内においても、むやみに社員満足向上のための施策を採ることで、社員の依存度が高まってしまう可能性があります。

対処型経営で問題解決に当たっている限り、もぐら叩きのように次々と問題が噴き出てくることは避けられません。**対処型経営では根本的な問題の解決にならない**ということに一刻も早く気づく必要があります。

本質型経営は問題の本質に目を向けた長期的なアプローチ

一方の本質的経営は問題の本質に目を向け、根本的な改善策を見つけようとするアプローチです。

問題の本質を理解するために社内の取り組みをデータ化して分析し、問題の原因を特定します。そして持続的成長に向けた戦略や、長期的プロセスを構築します。

たとえば業務効率化のために業務プロセスを見直したり、ムダな作業を削減したり、デジタル化・省力化したりすることで生産性を向上させるといった方法です。顧客のインサイトに向き合って製品やサービスの品質を向上させるといったことも、問題の本質に根ざしたアプローチといえます。

本質的経営は一時的な対処ではなく持続的な改善を必要とするため、対処型経営より多くの努力や時間を必要とします。しかし、**問題の本質に目を向けた改善策は、組織の持続可能性を高め、長い目で見た時のリスク低減につながります。**

経営者が対処型経営から本質型経営への転換を図ることは、組織の成長と持続的な成功につながる重要なステップになるのです。

対処型経営と本質型経営の違いについて理解するため、ここでは小売店を例に考えてみましょう。

ある小売店は売り上げ低下に悩み、その原因を競合他社の新規出店にあると考えました。そこでこの小売店は販促キャンペーンを実施し、顧客に割引や特典を提供しました。

これらの対策により小売店の売り上げは一時的に回復しました。顧客は割引や特典に惹かれて多くの商品を購入しました。しかし、このような対処型経営は問題の背後にある本質的課題を解決していません。キャンペーンの効果が薄れれば売り上げは再び低下してしまう可能性があります。同じように特典を配布する競合店に顧客が流れてしまえば、また何らかの対処をとらざるを得ません。


もしこの小売店が本質型経営で対処していたらどうなるでしょう?

まず経営者は売り上げ低下の原因を深掘りして、改善策を見つけることに焦点を当てます。競合他社の出現が売り上げ低下の直接の原因であったとしても、**自社の競争力を高めるための戦略を見直します**。

そこには商品の差別化や顧客サービスの向上、マーケティング戦略の見直しも含まれます。顧客の購買行動の変化も売り上げ低下の背景にあると考え、顧客のニーズや要望を再確認し、それに合わせた商品やサービスを提供するための改善策を検討します。

このような施策を実施することで、売り上げの安定化や利益率の向上が実現します。持続的な改善により顧客満足が向上し、顧客ロイヤルティも高まります。さらに顧客サービスを見直す過程で業務プロセスの効率化が図られるので、社員の負担が軽減され、生産性やモチベーションがアップします。結果として経営状態が安定し、リスクが低減されることになります。

こうなると当初の原因と考えられていた競合店の存在はあまり関係なくなります。彼らにとって競合店はあくまで自社のビジネスを捉え直すためのきっかけでしかなく、会社自体が強靭化し、バージョンアップされることによって問題はかつてほど気にならなくなっていきます。

一時的な解決策に頼る対処型経営では、組織の長期的な成長やリスク低減にはつながりません。

対処型経営から本質型経営への転換は、組織の成長にとって重要なステップです。経営者は長期的な視点に立ち、客観的数値に基づいて意思決定を行うことで組織全体を巻き込んだ本質型経営を実践していく必要があります。

MIND
▼
CHANGE
34

対処療法的な問題解決に陥っていないか？

【4】視座の低さがすべての問題を引き起こす

本質的経営を行うには視座を高めることが重要

経営者が対処型経営に陥ってしまう理由として、視座の低さが挙げられます。「どんなビジネスをすれば儲かるのか?」「価格はいくらが適切なのか?」「サービスはどこまでやればいいか?」といった問題に経営者は直面しています。しかし、これらの問題には確固たる正解はありません。

正解がない以上、自分の基準を信じて意思決定するしかありません。意思決定する際には視座の高さが問題となります。低い視座から意思決定するのと、高い視座から意思決定するのでは結果が大きく変わります。

経営者の視座が低いと現在の状況や売り上げのみにフォーカスし、事業の将来性や利益、顧客満足や社員満足を見落としてしまいます。目の前の不安やリスクの回避ばかりに躍起になり、根本的な問題を先送りしてしまうのです。

反対に視座が高い経営者は自社がどのような会社になりたいのか、つまりミッション(存在意義や目的）やビジョン（将来の理想的な状態）を明確に定め、それに基づいて意思決定を行います。

やるべきことが決まっているため、一時的に停滞に陥るような意思決定でも自信を持って採用できます。自社のビジネスを長期的な視点でとらえ、現時点ではそれが最適だと判断できるからです。

視座の高さは顧客満足や社員満足にも直結します。自社の判断基準が明確になることで、提供する商品やサービスに迷いがなくなります。

また、視座が高い経営者は常に将来のビジネス環境を見据えているため、自身の常識や経験にとらわれず、新しいアイデアや知識を積極的に取り入れます。自分自身の限られた視点だけでなく、組織内外のステークホルダーの意見を活用し、多角的な視点から経営判断を行うことができます。

高い視座を持つには経営者が自分自身の心の内を知り、確固たる信念、つまりミッションを持つことが必要です。

「誰のために経営するのか」「顧客のどんな問題を解決するためにわが社はあるのか」——このような問いに対する答えが、そのままミッションになります。**ミッションを持つことで、経営者はそれまでとは一段も二段も高い視座を手に入れることができる**でしょう。

MIND
▾
CHANGE
35

会社やビジネスをどんな視座から見ているか？

【5】正しいミッションの作り方

〝優良顧客〟の想像がミッション作りの起点になる

これまで私はミッションの重要性を繰り返し述べてきましたが、ではそれほど重要なミッションというものはどうすれば手に入れることができるのでしょう?

多様化する時代、答えのない時代だからこそ、会社が迷うことなく目的地に向かうにはミッションを明確にする必要があります。ミッションを追求すればするほどビジネスはシンプルになり、長期的な高収益を期待できます。

私が提唱するミッション経営では、**理想の顧客像を絞り込むこと**を最も大きなポイントに挙げています。顧客像を絞り込むことで顧客のニーズは明確になります。それにより顧客のニーズを満たすための提案を積極的に行えるようになり、それが結果として差別化に結び付きます。

ミッションを明確にすれば判断基準もクリアになるので、「やるべきこと」と「やってはいけないこと」がはっきりします。ムダな業務は自然に淘汰され、経営はどんどんシンプルになり高収益体質に変わっていきます。

ミッションを策定する上で最初に考えるべきは顧客です。顧客の中でも**〝優良顧客（＝会社が守るべきお客様）〟を想像することが起点**となります。

自社のターゲット顧客を具体的にイメージした架空の人物を「ペルソナ」と呼びますが、ペルソナを設定することで顧客のニーズや要望を具体的に把握し、より効果的なミッションを作成できます。顧客のニーズに対してどのような価値を提供するのか、どのような目標を達成するのかを明文化しましょう。

ミッションを策定する際は下の図をヒントにすることも有効です。「時代の変化とともに高まる問題」「貢献したい人」「貢献できること」の3つが重なり合う部分に、自社のミッ

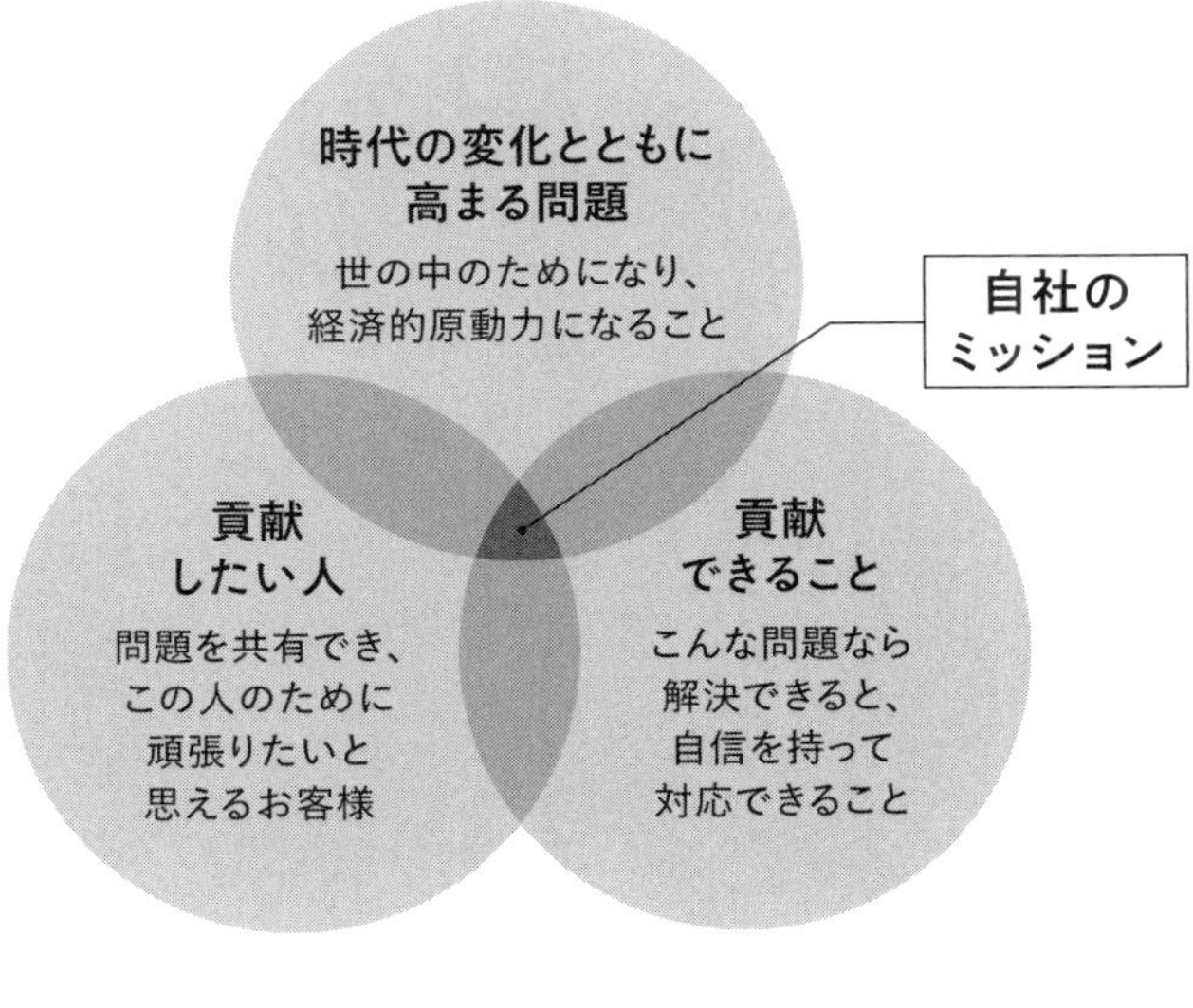

ションが存在するという考えです。

「時代の変化と高まる問題」とは、世の中のためになり、経済的原動力になる物事のことを指します。そのような問題は社会のニーズが高いと考えられます。

「貢献したい人」とは、自社が好意的な感情を抱き、「この人のために頑張りたい」と思えるようなお客様のことです。

そして「貢献できること」とは、自社が最も得意で自信を持って対応できる事柄になります。

時代のニーズ、お客様のニーズ、そして自社が得意なこと――この3つの輪の中心にあなたの会社のミッションは存在します。それは**あなたの会社にとって〝勝てる市場〟**であることを意味します。

このポイントを踏まえながら自社のミッションを考えてみてください。策定したミッションは企業の指針となり、組織が一丸となって進むための推進力を生むはずです。

MIND
▾
CHANGE
36

「この人のために頑張りたい」と思う人はいるか？

【6】「好きか、嫌いか」で顧客を絞る

あなたが好きな顧客こそ、あなたが貢献したい人

前項で書いたように、自社が誰に対して貢献したいか見極めることはミッション経営において重要です。

現代は価値観が多様化している時代です。人によって求めるものが異なるため、すべての人を満足させる解決策というのは存在しません。明確な答えを導き出すことが難しい時代に私たちは生きています。

このような時に経営者がよくやりがちな間違いが、多様なニーズに応える商品・サービスを展開しようとすることです。

多様化する時代だからこそ多様化する商品・サービスで対応する――それは一見正しい選択に見えますが、実は落とし穴があります。幅広い商品・サービスをそろえることは、大手企業と同じ戦略だからです。大手と同じ戦略を採っても、資金や人材に乏しい中小企業に勝ち目はありません。

中小企業は多様化の時代だからこそ多様化に対応しないこと、つまり市場を絞ることが重要になります。ほとんどの中小企業の経営者はニッチな市場でナンバーワンを目指すことが重要だと理解していますが、実際にそれを実行するのは容易ではありません。どのようにして市場を絞り込めばいいかわからないからです。

この問題に対して、私が提案する市場の絞り方は非常にシンプルです。

ここで考えるべきは、単純に「**好きな顧客か、嫌いな顧客か**」です。あなたが好きな顧客こそ、あなたが貢献したい顧客になります。

中小企業にとって大切なのは、大きな市場でシェアを取ることではなく、限定された市場でファン客を作ることです。一部のコアなファン客を作ることで、ファン客と一緒に楽しみながら成長していけます。

ファン客を作るために最も効率的な方法は、自分たちが好きな顧客を見極め、ターゲットに定めることです。自分たちの好きな顧客をわかっていない企業は、お金をたくさん使ってくれるＶＩＰ客を最良の顧客と信じ、彼らに要求されるまま安売りや過剰なサービスを提供します。

安売りや過剰なサービスを提供している限り、生産性は上がらず、忙しいのに儲からない状況が続くことになります。そんな構造になっている企業がいかに多いことでしょう。

それは具体例を挙げて考えてみれば、すぐにわかることです。

ここに2つの会社があり、A社の顧客はVIP客ばかり、一方のB社の顧客はファン客ばかりだとします。外から見たらどちらも同じように業績好調に見えるかもしれませんが、社内の景色はまったく違います。

A社は、たくさんお金を使ってくれるけどいつも要求が厳しく、失敗すればいつ契約を切られるかわからないVIP客ばかりと取り引きしています。そんな状況で経営して、経営者はどれだけ幸せを感じられるでしょうか。

一方でB社は、自社のファン客ばかりを相手にしています。顧客とは本音で語り合い、共感しながら自社の商品・サービスを一緒に育てています。たとえ忙しくても社員はやりがいを持って仕事をしているので、仕事を通して幸福感も感じられます。

あなたの会社はVIP客を大切にする会社ですか？　それともファン客とともに生きる会社ですか？

これからもお金のために、お客様の顔色をうかがいながら仕事を続けていくのでしょうか？　それともお金のためだけでなく、ミッションの達成に向けて、価値観を同じくするお客様と対等に接しながら仕事をするのでしょうか？

幸せな経営と不幸な経営の境目はそこにあります。

「誰のために仕事をするのか？」を考えることは「**誰のためにならあなたの人生を捧げられるのか？**」と言い換えることができます。

〝誰〟を考える時に意識したいのが、最も仕事が忙しい時＝ピークタイムです。

ピークタイムにやりがいや幸せを感じているとしたら、その時に相手をしているのはどんなお客様でしょう。忙しくても幸福を感じられる、つまりその人の役に立っていると感じられるのは、あなたにとってその顧客が大切な存在だからです。

一方、ピークタイムの相手がＶＩＰ客だったらどうでしょう。ＶＩＰ客は神経をすり減らして、気を遣わなければならない相手です。ピークタイムがＶＩＰ客ばかりになると、経営者も社員も息が詰まって楽しく仕事ができません。

つまり、最も忙しい時期に幸福と思えるか思えないかで、その顧客があなたにとって「好きな顧客か、嫌いな顧客か」がかわかるのです。その顧客のために〝仕事をすることができている〟と思うのか、その顧客のせいで〝仕事をやらされている〟と感じるのかは大きな違いです。

ミッション経営のためには、まずは自分にとって本当に必要なお客様は誰なのかを見定める必要があります。それはあなたが「好き」か「嫌い」かという心の声に素直に従うべきです。

そこからはそのお客様にとって「やってほしいこと」「やってほしくないこと」は何なのかを社内で共有することが、ミッション経営の確立につながります。

ここでも考える相手が〝好きなお客様〟であれば作業のはかどり具合も変わってきます。好きな人のことであれば、その人が何を好んで何を嫌っているかすぐに理解できるものです。好きな人だからこそもっと喜んでもらいたい、もっと一緒に何かを成し遂げたいと思う気持ちも、社員が仕事をする上でのモチベーションになるでしょう。

答えのない時代、多様性の時代だからこそ、ＶＩＰ客ではなくファン客を中心にしたビジネスに軸足を移していきましょう。

MIND
CHANGE
37

好き嫌いか、私情をビジネスに持ち込むことは悪なのか？

【7】戦略のミスは戦術では取り戻せない

「守る顧客」「捨てる顧客」ばかりを相手していないか？

VIP客やファン客といった区分についてもう少し詳しく説明しましょう。顧客層を分類すると、「育てるお客様」「攻めるお客様」「守るお客様」「捨てるお客様」の4種類に分けられます。それぞれの性格は以下になります。

・**育てるお客様**：未来のファン客。これからファンになってもらいたいお客様
・**攻めるお客様**：現在のファン客。自社のミッションに共感し、SNSで自社の価値を拡散してくれるなど会社のブランド力向上を支援してくれるお客様
・**守るお客さま**：現在のVIP客。年間の購入金額が多い、または購入頻度が高いお客様。ただし必ずしも優良顧客ではなく、それどころか値引きや特別待遇を求めて他のお客様に不快な思いを抱かせる可能性もある。したがって捨てるお客様の予備軍でもある
・**捨てるお客様**：売上も少ないし短期的な付き合いしかしていないので、取り引きを停止

すべきお客様

停滞している会社は、売り上げの8割以上が「守るお客様」「捨てるお客様」で占められています。そうした顧客を中心に事業を行っている限り、問題は絶えず発生します。問題の本質に気づき、それを解決するには「誰のためにやるか」を明らかにする必要があります。

反対に**「攻めるお客様」「育てるお客様」が売り上げの8割以上を占めるようになると、問題があっても改善しやすい**構造になります。顧客との間に信頼があるので、対等な立場で話し合いながら互いにとって最善の道を探していけます。もちろん会社も発展しやすく、社員のやりがいも大きくなります。

ファン客と一緒にワクワク楽しみながら経営できる会社は自ずと伸びていきます。お客様も社員

■顧客分析でわかる幸せな会社

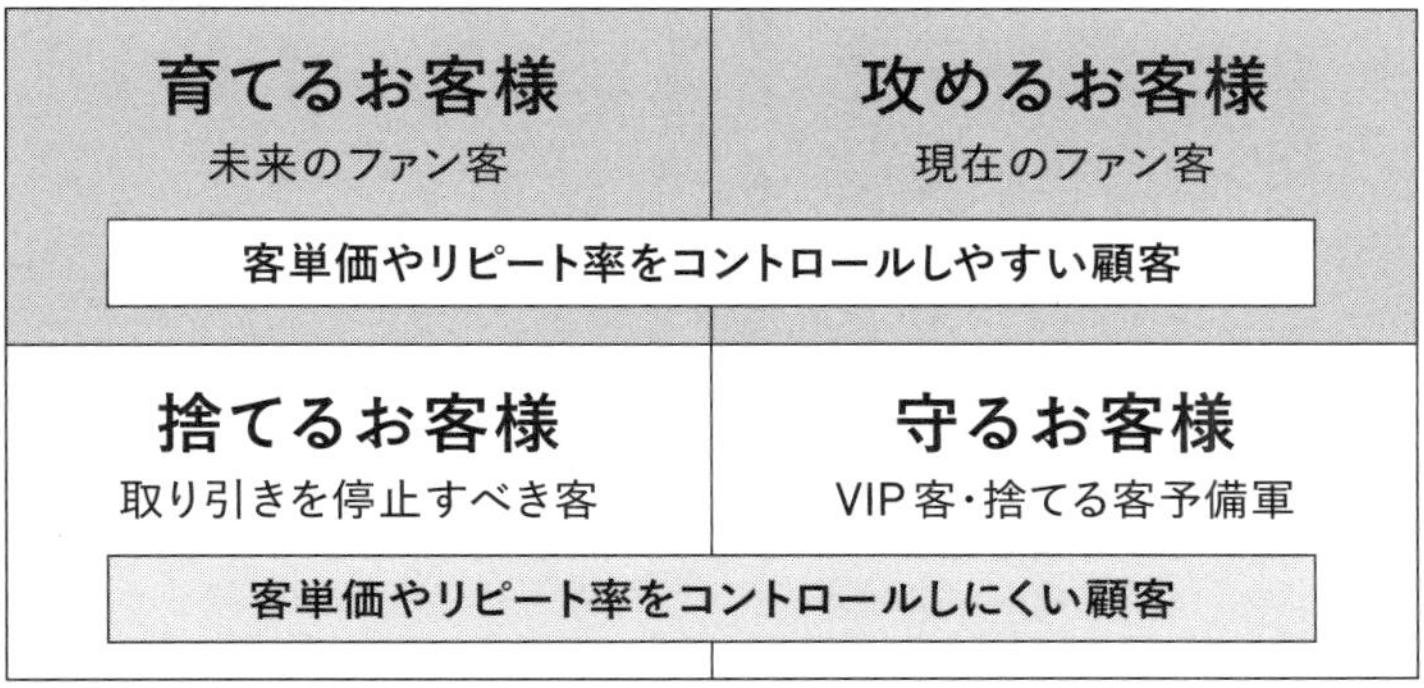

育てるお客様 未来のファン客	攻めるお客様 現在のファン客
客単価やリピート率をコントロールしやすい顧客	
捨てるお客様 取り引きを停止すべき客	守るお客様 VIP客・捨てる客予備軍
客単価やリピート率をコントロールしにくい顧客	

も社長も、「もっと仲間を増やしたい！」「もっとこの会社の価値をみんなに伝えたい！」と考えるからです。

ビジネスの成功の8割は市場の選択が握っていると言われます。

市場の選択とは、言い換えれば誰をターゲットにするかです。どの市場（顧客）に向けてどんな商品・サービスを提供するかは戦略そのものです。

戦略を間違えると、自社にマッチしていないターゲットに対してビジネスを行うことになります。そうした状況ではどんな戦術を駆使しても、そもそもの客層が間違っているので効果は限定的です。

しかも守るお客様や捨てるお客様ばかりで売り上げが構成されると、それを改善するのは一苦労です。「あのお客様は捨てるお客様だから取り引きをやめよう」と思っても、実際には簡単に取り引きをやめられるものではありません。その結果、捨てるに捨てられない顧客ばかりがあふれた状態になります。

つまり、戦略のミスは戦術では取り戻せないのです。

反対に**正しい戦略を選べば、良質なお客様ばかりと接することになります。**

経営者は戦略＝顧客を見極めることに最大限の注意を払い、正しい選択を通じて企業の将来を築いていく必要があります。

MIND
CHANGE
38

今のビジネスは適切な市場に向けられているか？

【8】努力する時代から仕事を楽しむ時代へ

努力や気合いは長続きしないので長期的成長ができない

努力はしばしば美徳として称賛されますが、経営の世界ではその意味が変わりつつあります。

従来の努力は、目の前の不安を解消するための手段でした。「やりたくないけど努力して突破しよう」「我慢してコツコツやるのも努力」といったように、努力はかつてマイナスな感情とセットで語られることが普通でした。

受験勉強や部活の追い込みでよく使われてきたことがいい例でしょう。

努力したものが最後に笑う。

あと一歩の努力が勝敗を分ける。

そこには〝イヤかもしれないけれど、やらないとあなたは損をするよ〟という相手を脅すような意味合いが感じられます。

そんな「苦難に耐える」というニュアンスを持つ努力は、未来にワクワクしながら仕事を楽しむこと＝「夢中になって働く」こととは真逆の行動だと言えます。夢中になって働くことは心理学でいう「フロー状態」に近く、働くこと自体がその人に充実感や満足感を与えます。

〝努力すること〟と〝夢中になって働くこと〟、この違いを理解しているかどうかが現代の経営では重要です。

当たり前ですが、努力がすべてを解決することはありません。いくら現場で努力を重ねても、安売りや過剰なサービスが常態化していれば、利益は出ません。必要なのは品質の管理と適正価格の維持です。

多くの経営者は社員の努力を奨励しますが、それは誤りだと早急に認識すべきです。**努力や気合いは長続きしない**もので、これらに依存していると「ムリ」「ムラ」「ムダ」が発生し、持続可能な成長は望めません。正しい経営に必要なのは力任せの根性論ではなく、冷静な状況判断と適切な事業管理です。

努力と同様に「なるべくお客様の要望に応えよう」という考え方も危険です。

顧客満足を向上させるためにアンケートを採り、顧客の要望に応え続けていると、企業は自社の特徴を失い、何でも屋になってしまう恐れがあります。大切なのは顧客の気づいていない真のニーズを発見し、それに応えることです。今求められているのは、常識にとらわれない革新的なビジネスモデルを作り出すことです。

それを実現するには、やはり自分が何をしたいのか、誰のために仕事をするのかをはっきりさせることが必要です。

現代の経営者の多くは、「社員のために」「お客様のために」という名の下に努力を重ねることで自分の苦痛を増やしています。その結果、うつ病などのメンタル疾患に陥ることもあります。

今必要なのは努力でもなく顧客への対応でもなく、単に戦略の見直しです。自分にとって貢献したい相手、自分が貢献できること、そして今後社会で求められる問題に焦点を当てて、そこに向かって仕事をするべきです。

時代はすでに変わりました。努力を重ねることから、仕事を楽しむ時代へと移行しています。経営者はこの流れに乗って自身とビジネスのあり方を再定義し、社員や顧客と共に成長できる新たな道を探す必要があります。

努力が必要な時期もありますが、それは一時的なものにすぎません。努力や根性を超えた仕事の楽しさを追求することが、現代の経営者には求められています。

MIND
▼
CHANGE
39

社員に努力や根性を推奨していないか？その効果は長続きするのか？

【9】社員の不平不満の原因と改善策

社員の不満の根本原因は本人の依存心にある

私はクライアントのコンサルティングを行う際、いつも幹部社員へのヒアリングを実施します。そして「みなさんが不満に思っていることの本当の原因は何ですか？」と質問します。

私にコンサルティングを依頼する経営者の中には退職者の急増に頭を悩ませている方もいます。そのような会社の社員にヒアリングすると、会社への不満が次から次へと出てきます。

「給料が安い」「残業が多すぎる」「自分が正当に評価されていない」「上司との関係が悪い」「顧客がわがままずぎて嫌になる」などなど。

ではこれらの不満の原因は会社側（経営者）にあるのでしょうか？

私は**社員の不満の本質的な原因は会社にはない**と考えています。では不満の原因はどこにあるのでしょう？

誰しもが自分の勤めている会社や同じ職場で働く仲間に対して、期待や理想を持っています。「会社は毎年待遇を改善してくれて当然だ」「上司は部下のことを正しく評価してくれるはず」「自分の能力を十分に発揮できる環境を用意してほしい」「自分の能力や興味が活かせる業務に就きたい」……といった具合です。

そのような期待があるからこそ現実とのギャップが生まれ、そのギャップが不満となって浮上します。社員は会社に対して「あれをしてほしい」「これをしてほしい」と勝手な期待を抱いているわけですから、言い換えればそれは〝依存〟です。

私はいつもクライアントに対して「どんな社員も会社に不満を持っている。その**不満の本質は依存**である」とお伝えしています。この本質がわかっていないと、経営者は間違った対処をしてしまいます。

つまり待遇を改善したり、新たな人材を採用したり、福利厚生を充実させたり、あるいはもっと厳しく社員に接したり、その反対に一切社員に厳しいことを言わないようにしたり……。

いずれにしてもそれらは対処型経営であり、問題の本質的解決にはつながらないことはおわかりいただけることでしょう。

会社が待遇を改善してくれれば、一時的に社員の不満は解消されます。しかしその一方で社員の依存心は高まり、さらなる期待を抱くようになります。その期待が実現しないと再び不満が大きくなります。

待遇を改善して不満を解消しても、それは一時的な火消しに過ぎません。やがて以前より不満が募ります。不満↓解消↓不満↓解消……という悪循環にはまります。

不満の原因は社員の依存心にあるということに、経営者はもちろん社員自身も気づく必要があります。それに気づかなければ社員はどんな会社で働いても常に不満を持ち続けて、被害者としての人生を歩むことになります。

では、社員の不満を本質的に解消するにはどうすればいいのでしょう?

それは社員が自己実現や自己成長できる環境を整えることです。人は仕事を通してお客様や周りの人たちの信頼・尊敬を集められた時、自分自身の成長を実感します。

自分自身が成長する過程で会社も一緒に成長して、結果としてより良い待遇が得られるようになれば、社員は大きな満足感を得られます。自分の力で待遇を勝ち取ったという実感が持てるからです。

そのような仕組み作りをすることが経営者の重要な役割なのです。

MIND
CHANGE
40

社員の不満を解消するため闇雲に待遇改善に応えていないか？

【10】ミッション経営を支える3つの仕組み

売れ続ける仕組み、投資回収の仕組み、人が育つ仕組み

これまでミッション経営の概要についてさまざまな角度から述べてきました。

私が確立したミッション経営は論理的に設計された数多くのメソッドから成り立っています。ここですべてをお伝えするのは不可能なので、今回はその導入部に関してお話ししようと思います。

まずミッション経営は「売れ続ける仕組み」「投資回収の仕組み」「人が育つ仕組み」という3つの分野において勝ちパターンを獲得することを主眼に置いたシステムです。経営の要素で言えば、**マーケティング**、**経営計画**、**マネジメント**の3分野になります。

この3つの視点から会社全体を眺め、問題を発見し、それぞれの勝ちパターンを構築することがミッション経営の本質です。

この3つの仕組みは、それぞれ意味があります。

ミッション経営

3つの勝ちパターン

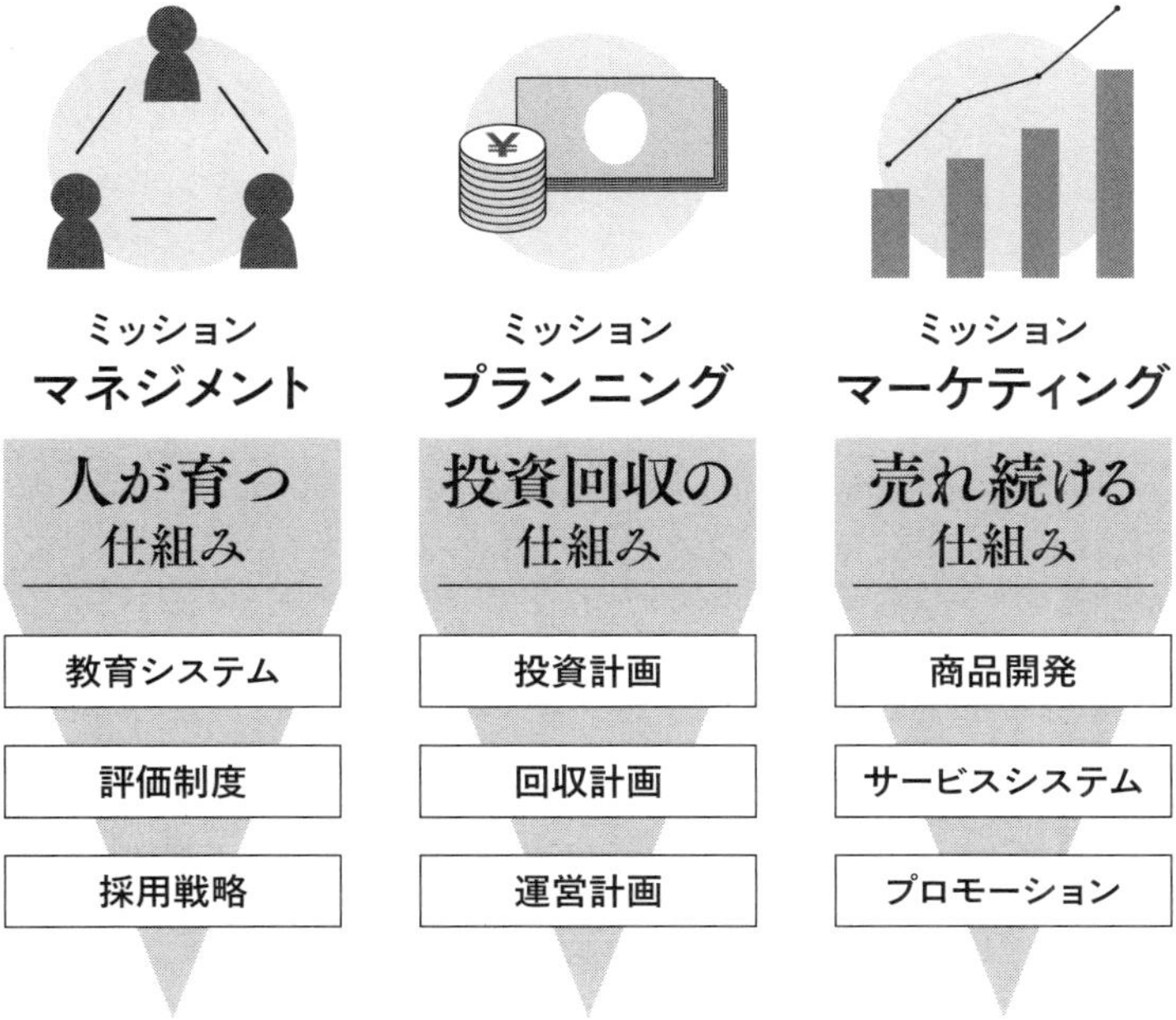

◎売れ続ける仕組み（ミッションマーケティング）

ミッションマーケティングでは自社の強みが発揮できる市場を明確にした後、顧客のニーズを把握し、ミッションと一貫性のある商品構成や適正な価格設定へと改善します。更に忙しい時でも誰でもできるサービスシステムを確立します。また、イベントや販売促進活動を通じて商品やサービスの価値を伝え、ライフタイムバリューを高めます。

これらの施策は「商品開発→サービスシステム→プロモーション」と図にある通り、上から順に取り組むのが正しいステップです。

ここで重要なのは、**私たちが構築したいのは〝売れ続ける仕組み〟**であって〝売る仕組み〟ではないということです。売る仕組みだと、売ることだけが目的になってしまいます。それでは捨てるお客様、守るお客様とばかり付き合うことになります。これは幸せな経営者が目指すゴールではありません。

また、売る仕組みを作ろうとする人はプロモーションからはじめてしまいます。その結果、サービスは複雑化し、商品開発は「なるべく安く、多種多様な商品を開発すること」が目的になり、その結果利益が出にくい構造になります。

したがって、ミッションマーケティングの局面では、必ず**「商品開発→サービスシステム→プロモーション」の順に取り組む必要がある**のです。

◎投資回収の仕組み（ミッションプランニング）

経営計画とは、投資と回収の関連性に一貫性を持たせて、お金に仕事をさせる仕組みを作ることです。具体的には「投資計画→回収計画→運営計画」を上から順に立案し、実行していきます。

経営計画は、経営者がコントロールできる計画である必要があります。しかしほとんどの経営者は、自分がコントロールできる計画を立てず、社員が努力をした結果として達成できる計画を立ててしまいます。それは計画の達成を人任せにしているのと同じです。

また、多くの経営計画は、お金の使い方を失敗して経営危機を招いていることに気づいていません。「新しく社員を採用する」「新しい事業に進出する」といった拡大計画を立てて失敗するケースはよくあります。今の時代、ミッションもない安易な拡大計画を誰が喜ぶでしょう？

無理に拡大計画を推し進めれば社員が疲弊し、安売りや過剰なサービスといった問題を引き起こします。それは顧客の不満にもつながります。そのような計画には問題があるとしか言えません。

まず経営者が投資すべきは、顧客満足や社員満足を高めるための施策です。そのような投資をすることで客単価が上がります。客単価の高い会社ほど、お客様の満足のために多くの投資を行っているものです。

客単価の上昇は、社員の努力や商品の原価改善だけで実現できるものではありません。設備など全体に投資して、すべてのレベルを向上させることで初めて可能となります。それは一朝一夕にはできないもので、経営者は長期的視野に立った計画を立てる必要があります。

◎人が育つ仕組み（ミッションマネジメント）

投資回収の仕組みを作ったら、次は人が育つ仕組みの構築に取り掛かります。ここでも上から順に「教育システム→評価制度→採用戦略」と取り組んでいきます。

人は環境に影響を受ける生き物です。悪い環境に置かれればひねくれてしまうし、良い環境に置けば自動的に育ってくれます。しかし多くの経営者は、社員を育てる環境が整っていないのにとりあえず採用してしまいます。

あるいは、「あの社員はダメなところもあるけれど、辞められると困るから役職をつけておこう」「退職者が増えないように、とりあえず待遇を上げよう」などと場当たり的に評価制度をいじってしまいます。

すでに述べたことですが、そのような対処療法的なやり方では問題の根本的解決につながりません。自社にとってミスマッチな人材を採用してしまったら、それを教育で矯正することはほぼ不可能です。つまり、**採用のミスは教育では取り戻せない**のです。

会社において人が育つ環境とは、教育システムであり評価制度です。まずはこれらを整備してから採用を実施することが重要です。順序を間違えてはいけません。

以上の3つがミッション経営を支える主要な視点になります。これらを適切な順序でバランスよく進めることで、経営者は問題解決に追われることなく長期的なビジョンの実現が可能になります。それぞれの分野ではこの先さらに段階別のメソッドがありますが、それらはクライアントの状況によって変わる部分もあるのでここでは割愛します。

ただ、**これらすべての頂点にあるのはミッションの策定、つまり経営者であるあなたがこの会社で何をやりたいか**です。自分が誰のために仕事をしている時に幸せを感じるのか、自分は何のために働いているのか。それを明確にすることで、この3要素が目指す位置が決まり、それらはさらに細かな要素にブレイクダウンされて現場に落とし込まれていきます。

あなたがマインドチェンジを果たし、自らのミッションを自覚さえすれば、あとはドミノが倒れていくように自動的に〝やるべきこと〟が決まっていくというのは、つまりこういうことなのです。

MIND
▼
CHANGE
41

正しい施策を正しい順番で行っているか？

【11】確実に利益を上げるために知っておきたい「利益感度分析」

ピンチの時こそ値上げに踏み切る!?

最後にもうひとつだけ、ミッション経営の理論の中から商品戦略に関する話を披露しましょう。

これは先程の項目でいうと、売れ続ける仕組み作り（ミッションマーケティング）の中のシナリオで、これまで私が書いてきた「売り上げを追求しても決して幸福にはならない」という説を立証するものです。

商品戦略で重要な要素のひとつが価格設定です。中小企業経営者にとって価格設定は非常に大切です。稲盛和夫さんも値決めに関して次のような言葉を残しています。

経営の死命を制するのは値決めです。値決めにあたっては、利幅を少なくして大量に売るのか、それとも少量であっても利幅を多く取るのか、その価格設定は無段階でいくらでもあると言えます。

どれほどの利幅を取ったときに、どれだけの量が売れるのか、またどれだけの利益が出るのかということを予測するのは非常に難しいことですが、自分の製品の価値を正確に認識した上で、量と利幅との積が極大値になる一点を求めることです。

（稲盛和夫オフィシャルサイトより）

価格を検討する際に理解しておくべき手法に**「利益感度分析」**があります。利益感度分析とは**「価格」「原価（変動費）」「数量」「固定費」の4つの要素が利益にどれだけ作用するかを分析する手法**です。キャッシュフロー経営の基本でもあります。

簡単に解説しましょう。

企業のお金は、1つの入口（売り上げ）か

■利益感度分析

4つの要素を分析して確実に利益を増やす手段を考える。

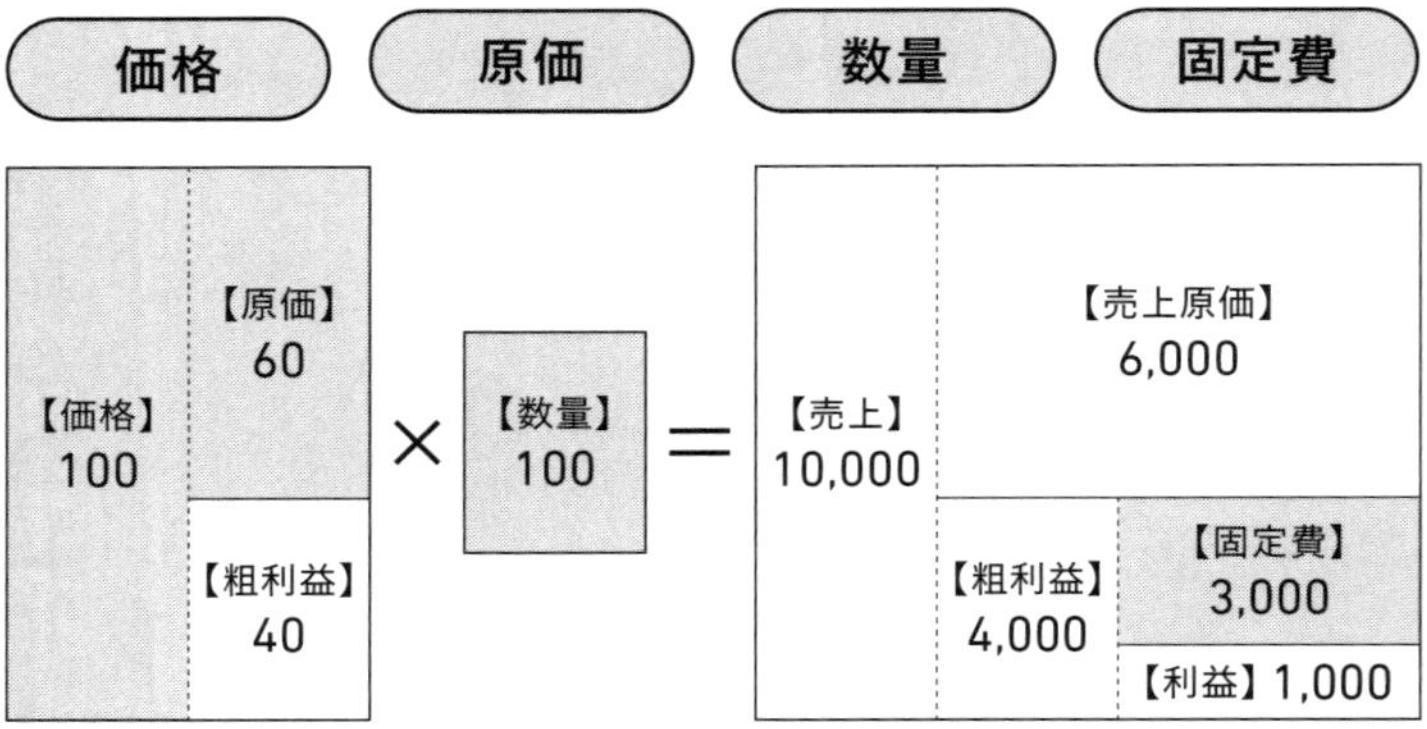

出典：西研究所

ら、2つの出口（原材料費、その他固定費）へ流れ、入口と出口の差が利益になります。多くの人は入口に注目し、売り上げさえ上げれば利益が出ると勘違いしていますが、それは間違いです。売り上げが増えたとしても、原材料費などの原価が高ければ利益は出ません。

また、売り上げを上げようと広告を打ったり人材採用したりすれば、広告費や人件費といった費用がかさみます。その結果、多少売り上げが上がっても利益が出ない状態に陥ります。

アイスクリーム店を例に、価格、原価、数量、固定費をいじることでどのような変化が起こるのか、利益感度分析をしてみたのが201ページの図です。

◎Aのケース（現状）

このアイスクリーム店、現在は100円の商品を100個売り、1万円の売り上げがあるとします。原材料費は6000円なので、粗利益は4000円。人件費などの固定費の3000円を引いたら、1000円の利益が残る状態です。

このアイスクリーム店は繁盛していましたが、近くにライバル店が出店したため来客数が減ってしまいました。そこで経営者は、どのような意思決定をすればいいでしょう？

販売価格を変えるか、販売数を増やす努力をするか、原材料を変更して原価を下げるか、あるいは固定費に手を付けるか……その意思決定で店の生死が決まります。

◎Bのケース（販売価格を下げた場合）

販売価格を下げて販売数量をキープする決断をした結果が図のBです。価格を10％値下げした結果、数量は今まで通り100個を維持できました。売り上げ高は9000円になりました。しかし原材料費と固定費を差し引いた残りの利益は0円になってしまいました。

◎Cのケース（販売数量を下げた場合）

図のCは価格を変えずに数量だけ10％減ったケースです。数量減少に伴い原価も減るので、利益は残ります。

◎Dのケース（販売価格を上げた場合）

1割の値上げを決断したケースです。値上げによって販売数量が2割減ったため、売り上げは110円×80個＝8800円と減少しました。その一方で原材料費も4800円と減少します。すると粗利益は8800円－4800円＝4000円となってAと同額になり、利益率は上昇しました。

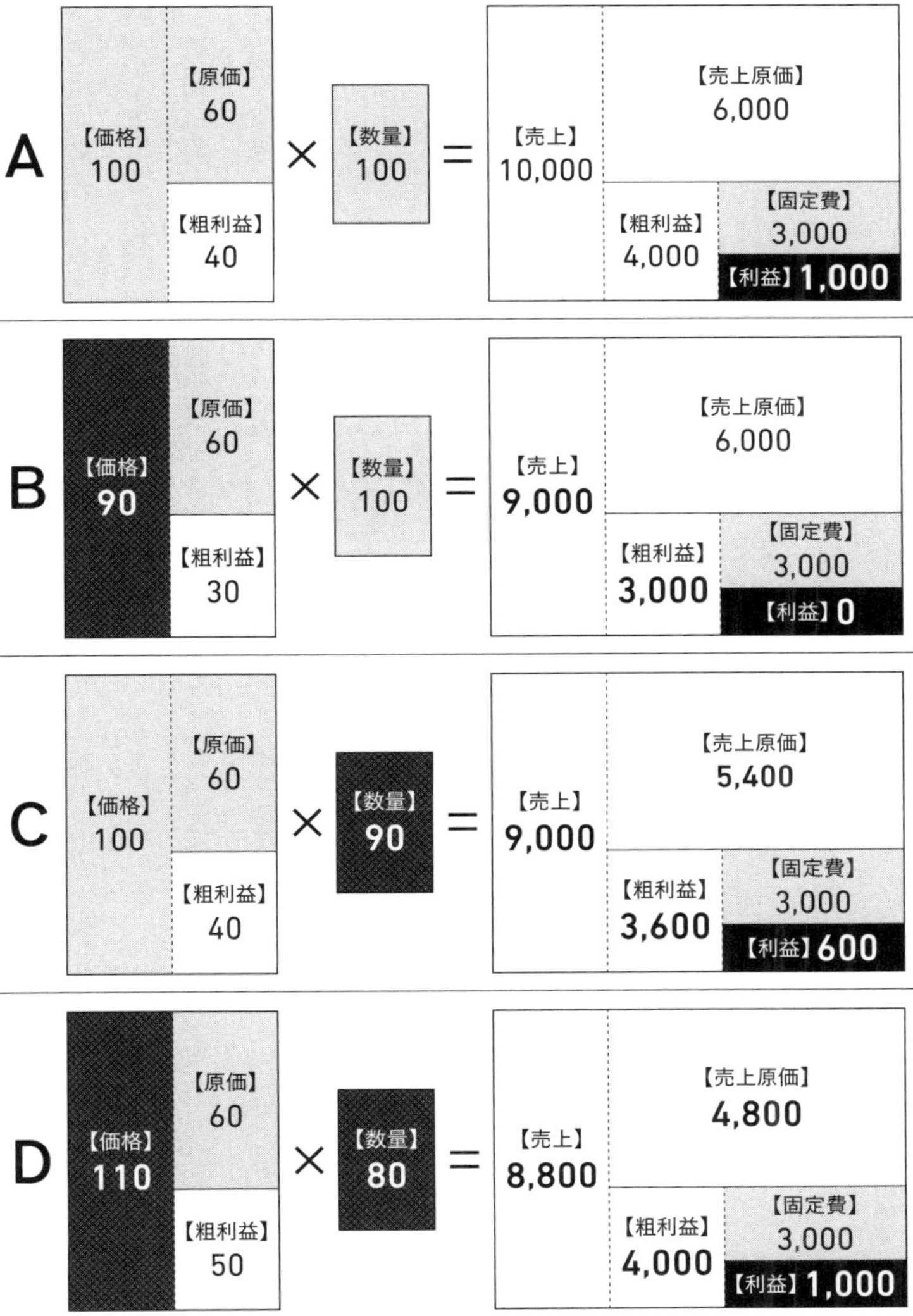
A
【価格】
100
【原価】
60
【粗利益】
40
×
【数量】
100
=
【売上】
10,000
【売上原価】
6,000
【粗利益】
4,000
【固定費】
3,000
【利益】1,000
B
【価格】
90
【原価】
60
【粗利益】
30
×
【数量】
100
=
【売上】
9,000
【売上原価】
6,000
【粗利益】
3,000
【固定費】
3,000
【利益】0
C
【価格】
100
【原価】
60
【粗利益】
40
×
【数量】
90
=
【売上】
9,000
【売上原価】
5,400
【粗利益】
3,600
【固定費】
3,000
【利益】600
D
【価格】
110
【原価】
60
【粗利益】
50
×
【数量】
80
=
【売上】
8,800
【売上原価】
4,800
【粗利益】
4,000
【固定費】
3,000
【利益】1,000

つまり、**単価を上げて販売数量が減り、売り上げが下がったとしても、利益率を上げることは可能**なのです。また、単価を上げたことで客層が良くなる効果も期待できます。そうすると隣に出店したライバル店とは客層がバッティングしなくなります。

安直に考えると、「隣にライバルが出店してピンチなのに値上げなんて！」と思うかもしれませんが、しっかりと数字をチェックして利益感度分析を行えば、一見損だと思えることが得になったりするのです。

このようなカラクリを知らずに値下げというやり方だけで客数の減少をカバーしようとすると、利益が残らず、社員は疲弊します。

経営者はつい目の前の売り上げに一喜一憂してしまいますが、**売り上げがもたらすのは数字上の満足度だけ**で、経営において真に重要なのは利益です。短期的な視点だと売り上げを上げることのみに注目してしまいますが、幸福の本質である利益は別の部分にあることを深く理解するべきです。

経営において本当に大事なものは何なのか？

見た目に惑わされず、自分たちが追求すべき本質はどこにあるのか？——

こうした分析からも、経営者が目指すべき地点は自ずと見えてくるのではないでしょうか。

MIND
▼
CHANGE
42

利益と売り上げが別物であることを理解しているか？

第5章

幸せになっていった経営者たち

ミッション経営導入による4つの成功例

【事例①】飲食業A社の場合

コロナ禍を機に通販事業に進出、今は通販の売り上げが5億円

ターゲットを外国人観光客から地元客に転換

前章ではミッション経営の概略を説明しましたが、一般論だけで理解するのはなかなか難しいという方もいらっしゃると思います。この章では実際に私がコンサルタントを担当した例を挙げて、それぞれの経営者がどのようにマインドチェンジを行い、ミッション経営をどう活用して幸せになっていったのか、その具体的なエピソードについて書いていきます。

最初の主人公は名古屋市にある飲食店A社です。

A社は焼肉店と弁当事業を営んでいて、当時の売り上げは1億5000万円程度でした。

焼肉事業の7割はインバウンドの外国人顧客が占めていました。

そんなA社は新型コロナウイルスの流行で大打撃を受けました。コロナ禍によって焼肉店は開けられないし、弁当事業もいつ回復するかわからない。そんな状況で私の会社に相談を持ち掛けてきたのです。

コロナ禍を機にミッション経営に転換した企業は非常に多いです。コロナ禍は飲食業を中心に多くの企業にダメージを与えましたが、ここで長期的視野を持つ経営者は自社の立ち位置や仕事の意義を捉え直し、ビジネスモデルを転換させました。ある意味「ピンチをチャンスに変えた」彼らの会社は、コロナ禍が終了した今、かつてよりもさらに業績を伸ばしているところが少なくありません。

A社からの相談を受けて、私が最初にやったのは財務状況の確認でした。

コロナのような最悪の状況が3年続いたら会社はどうなるか？　今の体力であれば、会社は何年もつのか？　家賃や人件費などの固定費を洗い出して、今の収益がどういう構造になっているかを明確化したのです。

これはある意味 **〝攻め〟に転じる前に〝守り〟を固める**というやり方です。まず会社の体力はどれくらいあるのか、最低限いくらの利益が必要なのか、それを明らかにすることで経営者と私の間で「とりあえずこれだけ稼げば大丈夫」というデッドラインを共有することができました。

次に私が求めたのは、経営者の方に「これからどういう会社になりたいのか？」というビジョンを固めてもらうことでした。コロナ禍が過ぎてしまえば会社は元の状況に戻れるかもしれませんが、はたしてそれでいいのか？　本当はA社がどんな会社になるのが理想なのか？　このタイミングで改めて意思決定をしてもらったのです。

そんな中、社長の口から出てきたのは「不安定なインバウンド頼みから、地元のファン客を中心にした安定的経営に転換したい」という内容でした。

そもそも当時はコロナで外国人観光客が入ってこないので、地元客にフォーカスを合わせるしかありません。この焼肉店はコロナ前までは売り上げの3割しか占めていなかった地元客のリピート率を上げ、同時に客単価も向上させる戦略をとることにしました。

具体的にはまずLINEによる販促を強化して、既存の顧客にお店の営業情報・空席情報を逐一伝える体制を整えました。さらに、VIPカードを作り、特定のメニューに関しては50％オフで食べられる制度を作りました。

こうした施策によって、お店は地元に浸透するようになり、少しずつリピート客、VIP客の数も増えてきました。

私がやったのは未来の選択肢を数値で提示しただけ

ただ、この会社の場合、格段にうまくいったのは客層の転換よりも新事業でした。お弁当事業を畳み、その代わりに通販事業をスタートさせたのです。

コロナ禍にECの伸長を期待して通販をはじめた会社は数多くあります。しかし、成功して今も続いているところはそれほど多くありません。どの会社もECの導入がコロナ禍の中での付け焼刃的対応で、しっかりしたビジョンやミッションを持っていなかったことが原因です。いわゆる対処法的経営に陥っていて、本質的経営になっていなかったという状態です。

しかし、A社は会社の将来を見据え、本質的な経営判断として通販事業に乗り出しました。彼らが本気だったのは、この新規事業のためにわざわざ2人の外部専門家を雇い入れたところに感じられます。

多くの会社はコロナ禍によって仕事にあぶれたスタッフを異動させる形で通販事業を立ち上げましたが、当然ながら**素人の片手間仕事で新規事業が成功するはずがありません。**スタッフたちはコロナ禍が収まると元の職場に戻り、せっかく立ち上げた通販サイトはホコリをかぶって開店休業状態というのがよくあるケースです。

しかし、A社は通販事業に懸ける社長の意志が固く、社長と私、そして外部専門家2人で通販サイトを立ち上げ、それを強化していきました。プロの手が入ったことでサイトは順調に伸び、コロナ禍が明けた3年後には通販事業だけで売り上げ5億円を突破するまでになりました。コロナ前、店舗と弁当部門の合計が1億5000万円だったのに比べると、通販だけで3倍強というのはすごい数字です。

A社は、コロナ禍で会社が窮地に陥ったことで社長がマインドチェンジを決断し、会社の業態まで変更した結果、うまくいったパターンです。

では私はこの社長にどのようにマインドチェンジをうながしたのでしょう？　この社長は会社が危機ということは差し置いても、どうしてマインドチェンジすることができたのでしょう？

正直、私は彼に「こうやれ」「ああやれ」と迫ったわけではありません。私がやったのは**ただ現状を整理して、今後の展開に関しても数値をシミュレーションして見せてあげただけです。**

まずは会社の財務状況を整理して、「最低限これだけ稼いだら会社は立ちゆきますよ」ということを示しました。これによって経営者は心の落ち着きを取り戻し、安心して経営判断を下せる状態になりました。

さらにそこから「固定費を下げると、こんなふうに利益が出ますよ」「仮に通販事業に進出するとして、こういうやり方をしたらこういう結果が出ます」「違うやり方をしたら、また違う結果が出ます」とすべてのパターンを逐一シミュレーションして、それを前章でお伝えした利益感度分析の表などを用いて提示しました。

社長はそれらの表を見て、どの案が自分の理想やビジョンと一番近いかを判断し、「これ」と選んだだけなのです。

人は変化した先の姿が見えないから変化を恐れる

コンサルティングをする私は未来のパターンを数値でシミュレーションして提示するだけだし、社長側はそこから「これ」と適するものを選ぶだけ——。

そう聞いて「えっ?」と驚かれた方もいるかもしれません。マインドチェンジってもっと劇的で重々しいものかと思っていた。そんなあっさりしたものでいいの?——そう思われる方もいるでしょう。

本書も経営者のみなさんのマインドチェンジを促すのが目的であり、マインドチェンジのために強い言葉を幾度も投げ掛けています。しかしその一方で、気合いや男気だけでマインドチェンジができるものじゃない、というのも真実です。

人は変化した先の姿が見えないから変化を恐れるのです。ではどんな時に変化を求めるかというと、変化の先にあるのが成功であり成長だと確信できた時、「そっちの方が絶対いいな」という根拠が示された時でしょう。

つまり、マインドチェンジのために必要なのは、気合いや男気といった感情的な決断ではなく、むしろデータやロジックといった理性的な判断なのです。根性論中心の対処法経営から脱却するのに、これまでと同じ根性論を振り回していたのでは元の木阿弥です。

経営者の方はこちらが用意した何パターンもの経営シミュレーションのデータから、極めて冷静で客観的に、自身にとってベストと思えるやり方をチョイスします。

前章でも書きましたが、ビジネスはどの市場を選択するかというのが最も重要です。多くの人は「これが伸びる」「ここには顧客が多い」といったレッド・オーシャンな市場を選ぶ傾向にありますが、それは経営者がコントロールできない厳しい市場であることがほとんどです。

しかし、同じ事業内容でも市場を変えて、価値観が一致する良質な顧客に出会えるような市場に進出できれば、客単価やリピート率がコントロールできて、幸せなビジネスに転換できます。

私がコンサルティングで行っているのは、そのシミュレーションにおいて、さまざまな市場をクライアントに提示することです。

それによって彼らはどのような顧客を相手にビジネスをするのが一番いいか考えるようになります。それはそのまま「自分はこの先どんなビジネスがやりたいのか？」「自分はどういうビジネスを展開するのが一番幸せか」を熟考する機会にもなります。

私がいろいろなシミュレーションを提示するのは、「どんな意思決定にも正解というものはなく、そこにあるのはメリット、デメリットだけである」という想いが底にあります。結局どんな選択にもいい悪いはなく、あとは本人がその選択に満足できるかどうか、後悔なくそれを選べるかどうかしかありません。

なので、私の役割は、最終的なジャッジを下すために社長の視野を広げてあげること、それぞれのパターンにどんなメリットがあって、どんなデメリットがあるかを見える化すること、社長本人が本当は何を望んでいて何を幸福だと考えているかを話し相手になることで浮き上がらせること……。

そうした地味な作業の積み重ねの末、社長は自らの真の価値観に気づき、**結果としてマインドチェンジを果たしてビジネスを変化させていく**のです。

MIND
▼
CHANGE
43

マインドチェンジは気合いでやると思っていないか？

【事例②】飲食業B社の場合

「ひまな時」から「忙しい時」に着眼点を変えたことで営業利益8倍を達成

売り上げは増えたけど「ただ疲れただけだった」

私は**経営の問題の多くは着眼点を変えることで解決できる**と考えています。今回紹介するB社も着眼点を変え、社員や顧客へのアプローチを再考することで会社の課題を解決しました。

具体的にはターゲットを〝VIP客〟から〝自社にとって良質なお客様〟に変更し、商品・サービスの見直しを図りました。また〝ひまな時〟ではなく〝忙しい時〟に目を向けて、忙しい時にどのようなサービスを提供するかを基準にしました。

これらの改革の結果、営業利益が約8倍にまで成長したのです。

B社は北海道の南東部、十勝地方にある池田町で飲食・仕出し・物販の3つの事業を展開しています。社長はもともと東京で料理人の修業を積んでいましたが、27歳の時に北海道に戻り、父が創業したB社を継ぎました。しかし、当時から会社は赤字続き。何とかして経営を立て直したいという重圧の中、社長は経営改革に乗り出しました。

経営経験がなかった社長は勉強会や研修会に熱心に参加し、ビジネス書を読み、経営ノウハウを身につけようと努力しました。いずれの勉強会でも重要視されていたのは、売り上げの増加でした。先輩経営者からも「売り上げを増やせば何とかなる」とアドバイスを受けました。

社長もそれを信じ、当時7000万円だった売り上げを1億円まで拡大する目標を掲げました。そして、売り上げを追求するため社員にハードワークを課しました。商品ラインアップを増やし、新規事業を立ち上げるなどの施策も積極的に行いました。

その結果、売り上げは確かに伸びましたが、社内の体制はボロボロになっていきました。

同社では人手不足を補うためベトナム、ネパール、中国、ミャンマーなどの実習生や特定技能外国人を雇用していました。外国人労働者の採用と管理は手間がかかる上に、既存のスタッフの教育体制の構築が後回しになり、なかなか人材育成は進みません。

また、あまりのハードワークに当初は「たくさん稼ぎたい」と意気込んで入社した外国人スタッフも、「これ以上残業したくない」と漏らすようになりました。さらに、社員間の不和も見られるようになりました。パートさんが派閥を形成していがみ合ったり、夜な夜な飲み屋に集まって会社のグチを言ったりする状況ができました。

B社の課題は人材問題に限らず、事業戦略の方向性が不明瞭なことにも起因していました。社長は顧客ニーズを満たすため、商品ラインアップをひたすら増やしました。それは確かに顧客を喜ばせましたが、調理オペレーションの複雑化を招き、社員の負担も増大させました。

そもそも池田町は人口減少と高齢化が進んでいる地域です。その中で既存のビジネスモデルが持続するのかという疑問も社長の頭にはあったといいます。

さまざまな施策に取り組む中で、売り上げは目標の1億円に達しましたが、「**達成感も満足感もない。ただ疲れただけだった**」と社長は振り返ります。

そんな時に社長は私の著書『頑張らせない経営』（スタンダーズ・プレス刊）をたまたま手に取り、コンサルティングを依頼してくれました。これが会社の転機となり、経営の方向性を根本から見直すことになります。

商品数を半分に絞って無料サービスを廃止

私が社長と話す中で気づいたのは、社長の着眼点を変えることで多くの問題が解決するということでした。

まずは顧客に対する着眼点を変えました。同社がそれまで目を向けていたのは、多くの発注をしてくれるＶＩＰ客です。ＶＩＰ客は多くの発注をしてくれる一方、「もっと安い商品はないの？」「ついでにこんなサービスをしてよ」という要望やクレームを会社に投げかけてきます。その要望に応えているうちに商品ラインアップが増え、安売りや過剰なサービスに陥っていました。

そこで私は「自社にとって本当に大切なお客様は誰なのか？」を明確にするよう伝えました。

同社のサービスは「お祝い事、法事・法要など、食を通じて家族の絆を強める機会を提供すること」です。社長には「食を通じて家族の絆を深めたい」という想いがあります。そう考えると、「もっとこんな商品はないの？」「あんなサービスしてよ」と求めてくる人たちは自社にとって重要な顧客ではありません。

家族の絆が強まるきっかけとなる高品質なサービスを提供することで喜んでくれる人た

ちこそ、自社の大切なファンであると社長は気づきました。そのような顧客は価格の安さやメニューの豊富さより、商品・サービスの品質を重視するはずです。

社長は自社が求める顧客像とニーズを再定義し、それを社員とも共有し、すべての商品やサービスを見直しました。

その結果、社員のサービスの質が変わりました。お客様に何か要求されても、自社の目的と異なる要求ははっきりお断りできるようになりました。また、個々の社員が自分の判断で、お客様にやってあげたいサービスを積極的に展開するようになりました。

もうひとつの着眼点として、ひまな時ではなく最も忙しいピークタイムを想定して商品やサービスを設計するよう提案しました。

具体的には、飲食事業・仕出し事業のメニュー数の絞り込みを提案しました。メニューの多さがオペレーションを煩雑にして生産性を下げる要因になっていたからです。

同社は20以上あった商品数を半分以下に絞りました。その結果、キッチンスタッフの作業効率は向上し、顧客により迅速にサービスを提供できるようになりました。

また、法事・法要向けの仕出しサービスでは料理の宅配に注力し、片付けや掃除、ゴミのまとめといった、それまで無料で提供していたサービスを削減し、別料金としました。

過剰なサービスはひまな時には問題ありませんが、ピーク時に同様のことを求められると大きな負担になります。ピーク時にもかかわらず過剰なサービスを廃止できないことが社員の疲弊やミスを増加させていました。

社長はそれまで無料で提供していたサービスを廃止することで顧客離れが起きるのではと危惧していましたが、実際そのようなことは起こりませんでした。

また、ディナー営業を廃止するという大胆な決断も下しました。ディナー営業はお酒も提供できるため、客単価が高く利益率の良いビジネスです。しかし一方で、ランチもディナーも同じスタッフが業務に当たることで長時間労働になり、スタッフの過労を引き起こす主因になっていました。

思い切ってディナー営業を廃止し、ランチと仕出し事業に経営資源を集中させたことでより効果的な業務運営が可能となりました。

1人当たりの営業利益は約8倍に。社員の意識も変化した

お客様のターゲットを明確にし、メニューの絞り込みとサービスの見直し、ディナー営業の廃止といった思い切った改革を断行したことで、利益は大幅に伸びました。

特に仕出し事業はそれまで1日50万円を達成することが年に1、2回ある程度だったのに、改革後は頻繁に到達し、150万円を超える日も出てきました。ディナー営業を廃止したことで社員にゆとりができ、ランチと仕出しに集中できるようになったことが成功の要因だと社長は分析しています。

売り上げは大幅に増加しましたが、スタッフ数は改革前の半分程度で回しています。これにより**1人当たりの営業利益は約8倍に跳ね上がり**、スリムながら効率的な運営体制ができあがりました。

経営改革を行ったことで、**業績が上がっただけでなく、社員の意識も大きく変わった**と社長は感じています。

改革前、社員は単に指示に従う存在でしたが、経営改革後は会社の使命と成功に向けて能動的に動いてくれるようになりました。さらに、数字に対する意識を持つようになり、売り上げよりも生産性に意識を向けるようになりました。コスト管理や顧客満足など、ビジネスの重要な指標について社員一人一人が責任を持ち、それを改善するためのアイデアを出し合う文化も生まれました。

サービスの品質向上に取り組む姿勢も良化しました。これは研修の一環として、高級レストランなどで一流のサービスの提供を受ける機会を増やしたためです。

好決算を達成した時は沖縄への社員旅行を実施し、高級ホテルに宿泊しました。この滞在は社員たちにとって単なる息抜きではなく、一流の接客を学び、自らの仕事に反映させるための研修の場となりました。同時にサービス提供に対するモチベーションも大幅に高めることになりました。

B社の経営改革は社長自身の成長にもつながりました。経営改革の過程で「売り上げを増やさなければ」という強迫観念や「いつスタッフが辞めるかわからない」という恐怖心から解き放たれた社長は、生産性や社員の幸福感を重視するミッション経営に目覚めたのです。

社長は今後、経営のシステム化をさらに進め、少子高齢化や労働力不足の課題を克服することで、地域に根ざした事業を持続させたいと考えています。今も社員たちがより良い仕事をするための環境作りに力を入れ、飲食業の新たな可能性を模索し続けています。

MIND
▼
CHANGE
44

会社の雰囲気、業績、社員の意識、自分の成長……それらは個別の問題なのか？

【事例③】造園業C社の場合

「客数向上」から「客層向上」に視点を変え、三方良しの経営を実現

教育システムが不十分ゆえに人材育成が進まない

次は園芸事業（園芸店運営）、造園事業（庭のメンテナンス）、エクステリア事業（外構・エクステリアの設計施工）を展開するC社の事例です。

この会社の社長が最も悩んでいたのは人材育成の問題でした。人材育成が体系化しておらず、各部門長に任せきりだったため、社員の成長が遅く、成長してもすぐに辞めてしまうという問題にぶつかっていました。

同社はさまざまな研修制度を導入していましたが、きちんとした教育システムがありませんでした。教育といえば、先輩社員が後輩社員に対して実務の中で必要に応じて教える

だけ。業務の単純化・標準化などまったく考えられていません。

教える側の先輩もそういう教育で育ってきたので、正しい教え方を知りません。自分が持っている知識やノウハウを経験と勘に任せて教えるだけでした。

このような状況ですから、後輩＝部下が育つかどうかは先輩＝上司に大きく左右されます。教え方が上手な先輩に付いた後輩は成長が早いものの、先輩に恵まれなかった後輩は成長が遅くなってしまいます。**各人が学ぶ環境と成長度合いに差が生じていました。**

解決策として行っていた試みのひとつは、現場同行によるＯＪＴです。ＯＪＴといえばきちんとした教育のように思えますが、実質的には「先輩の後ろ姿を見て盗め」というやり方でうまくいくはずがありません。

社長は何とかしてこの状況を打破しようと、他社の成功例を参考にさまざまな教育手法を導入しましたが、いずれも対症療法的なものでした。新しい教育施策を採り入れては社員から「また社長が何かやりはじめた」と嫌がられることの繰り返しでした。

また、この会社もB社同様、安売りや過剰なサービスに陥っていました。特にその傾向が強かったのはエクステリア事業です。

事業にはストック型（売り上げが足し算的に積みあがるビジネス）とフロー型（注文があって初めて成立するビジネス）がありますが、エクステリア事業のようなビジネスはフロー型に当たります。フロー型ビジネスは安定的に仕事を得られるわけではないので、常に集客する必要があり、それゆえ過剰なサービスに陥りやすいという特徴があります。

C社のエクステリア事業の場合、顧客が要求する限り何度でも現場で打ち合わせをすることが当たり前になっていました。打ち合わせを重ねるほど業務工数は増え、人件費がかかり、利益が圧迫されるという認識を社員たちは持ち合わせていませんでした。

また、納期も顧客の要望に合わせて調整していました。

しかし、エクステリアの設計や施工には多くの人がかかわっており、各工程がスケジュールを順守することは全体の作業をスムーズに進めるうえで重要です。前の工程を少し伸ばすと後の工程も全部狂ってしまい、その影響は他の業務にまで及びます。それにもかかわらずC社は顧客にスケジュールの主導権を握られてしまい、結果的に後半の工程に大きな負担がかかっていました。

教育システムがなく、確固たるスキルを身につけられないのに過剰なサービスが横行して忙しくなるばかりの状況に、当然ながら社員は疲弊していました。一時はエクステリア事業に関わる社員の約半数が辞めるという危機的状況に陥りました。

みんなが最適な環境で働ける仕組みを作るだけ

同社の社長は60歳の時に私と出会い、コンサルティングを受けることになりました。私はまず社員たちへのヒアリングを実施しました。私がコンサルを提供する時はいつも幹部を中心とする現場社員へのヒアリングからスタートします。一人ずつヒアリングすることでその会社の課題が明らかになるからです。

社員たちからは「今までさまざまな研修やコンサルを受けてきましたが、何をやってもうまくいきません。今回もムリだと思います」「社長が余計なことをするから、ただでさえ忙しいのにさらに時間を奪われて迷惑しています」などと言われてしまいました。

同社の経営改革に着手するにあたり、私が社長に語ったことは、**「足し算経営」から「引き算経営」へ発想を転換する必要性**です。

足し算経営とは、売り上げを追求する旧来の経営法です。これを引き算経営に変えることによって、会社、お客様、社員のみんなが幸せになる「三方良し」の状態が作れると私は考えました。社長や幹部には「私は現状に追加して新たな教育や研修を行うわけではありません。みんなが最適な環境で働けて、幸せになれるような仕組みを作るだけです」と説明しました。

具体的な施策として、まず当社のＴＯＣ研修を受講してもらいました。ＴＯＣ研修とは『ザ・ゴール』（エリヤフ・ゴールドラット著／ダイヤモンド社刊）で提唱されたＴＯＣ（制約条件の理論）に基づいた研修で、業務のボトルネックに注目して劇的改善を引き起こすことを目的としています。

研修を受けることで、同社の社長や社員たちは全体的なムリ・ムダ・ムラが疲弊と生産性低下の原因になっていることに気づきました。そして、生産性を上げることが、自分たちの幸せにつながるという気持ちが芽生えました。

次に、社員と一緒に利益感度分析を実施しました。前章で説明したように、利益感度分析とは「価格」「原価」「数量」「固定費」の4要素が利益に対してどれだけ敏感であるかを分析する手法です。各要素の変化が利益に与える影響を詳細に検証し、どの要素に重点を置くべきかを明確にします。

社員と一緒に利益感度分析を行うことで、彼らは価格設定、原価削減、販売数量の増加などが利益改善につながるという戦略を理解しはじめました。「客数を増やして売り上げを上げることばかりに囚われる必要はない」という学びを得て、安売りや過剰なサービスを廃止する重要性に気づいていきました。

そして、安売り廃止の一環として、これまで現場の裁量で大幅に値下げすることもあったサービス価格に最低価格を設けました。「〇%以上の粗利を確保しない案件は受けない」という明確な基準を作ったのです。

また、単価アップも実施しました。これは社員たちの意識改革につながりました。それまで「売り上げがつくれない」との理由で値上げに否定的だった社員たちからも、「もう少し単価をアップしたい。そのためにどうやって価値を上げようか」といった意見が出てくるようになりました。

ミッション経営で重視するのはデータであり数字

これは余談になりますが、商品やサービスの値上げに関してはどの会社も警戒します。やはり値段を上げることで取引先からイヤな顔をされてしまう可能性があるわけで、誰でも躊躇するのが当然だと思います。

しかしだからといって物価高騰の局面でも値上げをしないでいると、自社の利益が圧迫されて会社の運営に支障を来たします。

そんな時に私が言っているのは「**なにもいきなり全商品を値上げする必要はない**」とい

うことです。リスクの少ないところから段階的に進めていけばいいのです。

たとえば「2：8の法則」という言葉をみなさん聞いたことがあると思います。全体の8割の利益は2割の商品・サービスから生み出されている、という商売上のセオリーです。仮にそうであるなら〝優良商品〟である2割の部分はそのままで、それほど利益に関係ない8割の商品を値上げしたり、もしくはコストカットのために廃止したりすればいいのです。

そのためには会社にとって何のプライオリティが高く、何のプライオリティが低いのかを熟知しておく必要があります。その際に必要なのはもちろんデータです。

なんでも一律に改善しようとするから難しくなるのです。**大事なのはリスクの少ないところから手を付けて、それを段階的にメインの方まで推し進めていくこと**です。

その際には変化の様子を厳密にデータでチェックすることが欠かせません。少し値段を上げたらそれによる売り上げの変化をデータで見る、いくつかのサービスを廃止したらそれによる変化をデータで見る……。

そこに私情や感情は入りません。常にデータ、数字という客観的な物差しがあるおかげで判断はブレないし、幹部や社員など多くのスタッフと一緒に試行錯誤のプロセスを共有できます。

仮に「2：8の法則」の〝あまり重要ではない8割〟の商品を値上げすることで、〝主要商品である2割〟の方に割安感が生まれ、安売りをしなくても商品が出るようになったとします（これはよくある事象です）。それを続けて〝8割〟の商品の値上げが完了したら、次は主要な〝2割〟の中の8割の部分に手を付け、さらに改革を進めていきます。こうした一連の作業の繰り返しがミッション経営の実現には欠かせませんし、そのためには何度も言いますがデータの存在が不可欠です。

データの重要性は、こういうところでも発揮されます。

たとえば、値上げをした時に2～3人のお客様からクレームが来たとします。そんな時、社長も従業員も怯んでしまって、まるですべてのお客様からNO！を突き付けられたように感じてしまうことがあります。気弱な社長ならここで値上げ戦略を引っ込めてしまうこともあるでしょう。

しかしデータがあると、状況を冷静に眺めることができます。

値上げをして確かに顧客は1割減ったけど、値上げをしているのだからそれほど売り上げは下がってない、むしろ利益は増えている……それが数値で判断できれば「この改革は間違っていない」と自信が持てます。

多くの経営者は自分の直感や雰囲気に流されて、ファクトによる客観的経営判断ができ

ていません。だからほんの数人のクレームに慌ててしまい、方針を簡単に変更したりすぐに取り下げたりしてしまうのです。それは目の前しか見ていない対処法的経営の最たるものです。

ミッション経営で重視するのはデータであり数字です。客観性が担保されているから改革が進められるし、判断に迷うことはありません。そのあたりもヤマ勘と根性を頼りにリスクに突っ込んでいく旧来の経営法とは根本的に異なる部分です。

社長も心の安定を保ったまま経営ができるようになった

話を元に戻しましょう。C社の改革はまだ続きます。

C社は事業のサービス内容についても標準化しました。これまで無制限に行っていた打ち合わせに「1回2時間、全部で○回まで」という基準を設定。それぞれの打ち合わせに明確な目的と成果も設定することで、顧客との合意形成のスピードアップが実現しました。これは結果として顧客満足の向上にもつながりました。

業務の標準化のために各業務の手順や方法を綿密に定め、一貫性を持った作業を実施することを決めました。これにより業務の品質向上や生産性の向上、ミスやトラブルの軽減が実現しました。

業務の標準化を行うことで、若手でもベテラン級のサービスを提供できるようになりました。再現性の高いサービスを提供することは顧客満足につながるのに加え、社員満足にもつながります。若手社員が業務の手順や方法を把握しやすくなり、自信を持って業務に取り組めるようになるからです。

一連の改革の結果、社員たちの間には数字をベースに論理的に考える習慣が定着しました。そして自分の業務が会社の利益にどのように影響しているかを理解し、生産性を意識した行動をするようになりました。

これにより社員は自己の業務への責任感を強く意識し、自主的に利益向上へ貢献する姿勢を見せるようになりました。社員の働きがいが高まったことは離職率の低下にもつながりました。

一方で社長の意識も変わりました。

それまでは「売り上げを上げるためにどうすればいいのか」「人材が育たない」といった悩みを常に抱え、緊張感を持って経営に臨んでいました。その緊張感が社員にも伝わり、社内の空気は重いものでした。

彼は改革後「**売り上げの上下に一喜一憂せず、心の安定を保ったまま経営ができるようになった**」と語っています。売り上げを気にしなくても成果が出せるとわかり、人材も育つようになったことで余裕を持って経営できるようになりました。

その後も社員が退職することはありましたが、社長が動揺することはなくなりました。社員教育の仕組みを作ったことで、また育てればいいという考えに変わったからです。

経営改革の効果は財務面でも明確に表れました。客単価や粗利益が大幅に向上し、エクステリア事業部全体の収益性が改善されたのです。

社長は今後ストック型ビジネスの拡大に取り組みたいとしています。現在のストック型ビジネスの割合は4割程度。これを6～7割にまで持っていくことで、財務的・精神的な余裕が生まれ、将来に向けた投資を積極的に行えるようになります。

また、教育の仕組み作りにもますます力を入れ、社員が勝手に成長する自走型経営を実現したいと意気込んでいます。

MIND
▼
CHANGE
45

直感や雰囲気に流されて対処法的経営になってないか？

【事例④】サービス業D社の場合

人が自動的に育つ仕組み作りに注力したら、社員離職の恐怖から解放された

社員のやりがいや成長を重視し、人を育てる経営に舵を切る

最後に静岡県を中心にエステサロンを経営しているD社の事例です。この会社は20数年前に創業され、前社長から事業を継いだ息子さんが2代目社長を務めています。

10年前に事業承継した社長は経営の経験や知識を持ち合わせていませんでした。そのため、まずは売り上げを上げることしか頭にありませんでした。売り上げを上げるには顧客数の増加がすべてであり、そのためには社員数を増やして新たな店舗を開店すればよいという思い込みで突き進みました。

外部環境が好調であったことも手伝って、社員数は順調に増加しました。店舗数は拡大

し、売り上げも伸び続け、拡大戦略は一見成功を収めるかのように見えました。

しかし、その成長の裏では、さまざまな問題が積み重なっていました。問題は信頼していた店長の独立という形で噴出しました。店長の独立に引きずられるように他の社員も次々と辞め、社員数は半分に減少。売り上げは3分の1まで落ち込みました。

社長は「会社はこうやって潰れていくのか……」と絶望感に囚われましたが、しかしこの危機が社長の重要な転機となりました。

残された社員たちと奮闘する中で、社長は新たな気づきを得ました。それは「**社員はお客様から感謝される時、もっともやりがいを感じている**」という事実でした。また、仕事を通じて自分自身が成長できることに喜びを見出している社員が多いこともわかりました。

これらのことから社長は単なる売り上げの増加ではなく、社員のやりがいや成長を重視し、人を育てる経営に舵を切ることに決めたのです。

とはいえ、どのようにして人を育てればいいのか、その方法がわかりません。そこで外部のコンサルティングや研修に頼り、そこで得た知識を実践しました。

たとえば、2年の歳月と多額のコストをかけて、エステティシャンを教育するための動画マニュアルを作りました。しかし、そのマニュアルは現場の実状とかけ離れていたため、社員に受け入れられませんでした。教育専任の社員を雇用し、教育マニュアルも作成しましたが、それらが実際の教育効果に結びつくことはありませんでした。

社長の努力とは関係なく、日々の業務をこなす中で勝手に成長していく優秀な社員もいました。しかしそのような社員に限って、ある日突然「社長、お話があります……」と切り出して退職していく——そんなことの繰り返しでした。

社員が自ら学び、成長する仕組み作りに着手する

社員教育に行き詰まっている時に、私は社長から相談を受けました。

私は彼に対して「**社長は教えすぎです**」とアドバイスをしました。自分が持つ理想の意識や行動を社員に押し付けるのではなく、社員一人一人の個性や強みを活かした教育が必要だという意味です。

これまでの押し付け型教育では人材が育たないことに気づいた社長は、「人が育つ環境」という新たな教育の理念を具体化するため、**社員が自ら学び、成長する仕組み作りに着手**しました。

具体的には社員やマネージャーの役割や責任を明確にし、教育の内容を現場の実状に即

したものに変えました。これにより教育が現実的で実践的なものとなりました。また、社員の業務スキルだけでなく、総合的な問題解決能力や顧客対応能力を向上させることにも成功しました。

教育内容に関しては、マニュアルと現場のギャップを埋めるために実際の業務を反映した動画マニュアルを作成し、社員がいつでもアクセスできるようにしました。動画マニュアルは3分以内の短時間でコツをつかめるものにし、社員がスキマ時間を利用して学びを深められるよう配慮しました。

マニュアル用動画制作においても、効率化を図るため標準化されたプロセスを確立し、編集作業を90分以内に収めるなどの工夫を行いました。

さらに、社長は教育における〝しつけ〟の重要性に気づき、ルールブックを作成しました。ルールブックには「やるべきこと」と「やるべきでないこと」が明記され、仕事への取り組み方や人間関係の築き方についての指針を提供しました。

これらの取り組みは社内のコミュニケーションとチームワークの強化に寄与し、社員の定着率向上にも寄与しました。

新人教育の期間が6カ月から2カ月に短縮した

教育改革の実践により、D社では、社員が自主的に学び、成長する文化が生まれました。社員は仕事に対してやりがいを感じ、結果として顧客サービスが向上しました。

また、社員が辞めたとしても、残されたチームがその穴を埋められるような柔軟な体制が整いました。これはいつ誰が辞めても大きな問題が発生しないことを意味します。

仕組み作りによる1つめの成果は、研修期間の短縮となって表れました。

新入社員が実務に就くまでの期間が従来の6カ月から2カ月へと大幅に短縮され、これにより教育コストが1人当たり84万円削減できたのです。効率的な研修プログラムと質の高い教材が新入社員の学習効率を向上させたことが要因です。

2つめの成果は、教育の標準化により、教育の質が保たれるようになったことです。

かつては経験豊富なスタッフが教育担当をしていましたが、現場が忙しい時はその担当者を現場に戻す必要がありました。つまり教育担当者がヒマな時は教育が進むし、忙しい時はまったく進まない、教育担当者の代わりに他の社員が教育すれば教え方が下手なため人が育たない、という状況だったのです。

仕組み化された教育システムの導入後は、入社1年未満のスタッフであっても教育担当を務めることが可能になりました。それにより柔軟で迅速な人材育成が実現できるようになりました。

3つめの成果は、社員の定着率の向上です。

教育の仕組み化により、社員の自己実現の機会が増え、仕事への満足度が高まりました。これは社員が自分の業務やキャリアに対して大きなコントロールを持てるようになった結果といえます。

教育の仕組み作りを実践したことで社長は、「社員に辞められたらどうしよう」という恐怖、実際に辞められた時のストレスから解放されたと言います。これにより彼は**人材教育や経営の楽しさを再発見**できました。現在は一歩一歩、理想の経営に近づいていることを実感しています。

「人を育てる」ではなく「人が育つ仕組みを作る」という着眼点の転換が、D社の安定的な成長につながりました。

現在はリアルな店舗運営に止まらず、オンラインを通じた美容支援や経営支援も手掛けるなど、ミッションに基づいた幅広い事業展開を進めることで、さらなる成長を目指しています。

MIND
CHANGE
46

社員教育のために取り組むべきは、人が育つ〝仕組み〟作りではないか？

第6章

ありのままの自分で社会に貢献する

幸せな経営者になるために贈る3つのメッセージ

常に孤独で不安な社長がくれる感謝の言葉

前章ではミッション経営を導入したことによって幸せな会社経営に転換できた経営者のエピソードをお伝えしました。

みなさん共通して言えるのは、私のところに相談に来られた時は先が見えない不安で苦しんでいたのに、改革をはじめて1年もした頃には**晴れやかな顔で「やってよかった」**とおっしゃることです。

それ以外にもよく口にされるのは「これまで仕事は苦しんでやるものだと思っていたけど、機嫌よく仕事ができるようになった」「大口の顧客や社員に振り回されることなく自分で経営がコントロールできるようになってストレスから解放された」ということです。

他にも「経営を続けていくことに自信が持てた」「仕事をすること自体が楽しくなった」という言葉も聞かれます。

もちろん「業績が上がった」「会社の規模が拡大した」という〝結果〟に対するお礼もいただきますが、私が何よりうれしいのは経営者の方に笑顔が戻り、幸せを実感できるようになることです。

私がこれまで一番印象的だったのは、ある経営者さんとお話した時です。

彼は当時新規事業に失敗し、苦しんでいました。その失敗を取り戻そうと、店舗のコンセプトを変えたり、無理な拡販を展開したりすることで今度は社内が疲弊し、気づけば会社が潰れるか潰れないかという瀬戸際まで追い込まれていました。

そうした状況を社長からヒアリングした後、私は普通に「それ投資の失敗ですね。儲かると思ってミッションも定めずに安易に投資したことが自分の首を絞めています。この判断が自分を苦しめていませんか？」と返したところ、社長は涙を流して喜ばれました。

やはり**社長は常に孤独で不安**なのです。

その方は新規事業の失敗を負い目に感じ、なんとかそれを自分の手で取り戻そうと必死で活動するうちに悪循環の沼にはまり込んでいました。投資の失敗は投資からの撤退でしか解決しないのに、その穴埋めのため会社全体まで巻き込み、これまで順調だった事業や組織まで腐らせてしまう寸前で自分がやっていることに気づいたのです。

その社長は、私が新規事業の失敗を「要は投資の失敗」と片付けたことで目が覚めたと言いました。「あれは単に投資の失敗だった」と割り切ることができたと言います。

つまりそれだけ社長の頭の中は、外部からは想像もつかない思い込みに満ちあふれているのです。コンプレックス、焦り、不安、葛藤、矛盾、憤り……がパンパンに膨らんでいて、その琴線にちょっとでも触れれば涙があふれてしまうほどギリギリな状態で持ちこたえているのです。

企業経営者が私のところにコンサルティングに来る時というのは、まさにそうしたピンチの真っ最中になります。そのピンチを一緒に乗り越えたり、新たな経営スタイルに転換することをサポートしたりするのが私の仕事です。

彼らの思い込みをほどいたり、不安をやわらげたり、マインドチェンジをうながしたり、事業に対する新しい視点を投げかけたり——そうしたやりとりの末に状況が快方に向かうと、彼らは心からの感謝の言葉を述べてくれます。

「佐治さんに会えなかったら、こうはなれませんでしたよ」

「佐治さんには本当に一番苦しい時期に助けてもらいました」

そうした瞬間、私は自分の仕事が彼らの役に立ったことを実感し、働く幸せを感じるのです。

幸せな経営者になるための大事な価値観は〝自分らしさ〟

私が多くの会社経営者を見て思うのが、彼らはみな〝社長業〟という仕事に高い理想を設定しすぎていて、それが自分たちを苦しめたり、幸せから遠ざけてしまったりしているということです。

私が見る限り、多くの経営者は「社長＝知識も行動力も時代を読む力もすべて備えたスーパーマン」というイメージを抱いています。だからそういう理想像と比べて「自分は経営者として知識が足りないからダメだ」「能力がないからダメだ」「リーダーシップが劣っているからダメだ」と常日頃から卑下しています。

確かに今が戦国時代のような時代なら、そのようなハイスペックな能力がないと社長として生き残れなかったでしょう。「業界ナンバーワンにならなければならない」「常に会社を拡大させていかなければならない」というかつての概念の下でなら、会社経営には周囲より秀でたスーパーな能力が必要だったかもしれません。

しかし、今はもう業界トップを争うような時代ではありません（特に中小企業の場合）。顧客の引き抜きやシェアの拡大に血眼になることが受け入れられる社会でもありません。まわりのすべてをなぎ倒すような〝一人勝ち〟など今の社会では独善的だと冷たい目で見られるだけです。

〝風の時代〟である昨今、経営者に求められるのは、**自分が自分らしくありながら、自分を大切にしてくれる顧客（＝ファン客）と共に歩んでいく姿勢**です。別にどこかの成功者と比較して落ち込んだりする必要はないし、売れている自己啓発本に書いてあるようなことを鵜呑みにする必要はありません。

自分で勝手にハードルを上げて、その高さに苦しんでいる——非情な言い方になりますが、そんな会社経営者を私は山ほど見てきました。

それには時代の影響もあるのでしょう。

受験戦争が真っ盛りだった今の社長世代にとって、自分がいま全体のどのあたりに位置するか（偏差値）を知って、少しでも上のランクを目指すというのは当たり前の行動規範でした。生まれた時から「厳しい競争社会でいかに生き抜くか？」というレースに投げ込まれた私たちは、とにかくこの社会で生き抜くこと——少しでもたくさん稼いで豊かな暮らしをすること——が幸せで、人生の唯一の目的だと思わされてきました。そんな時代を生きてきたのだから、彼らがそのような過度な上昇志向に陥ってしまうのは当然でしょう。

しかし、時代が変わった今、人々が求めているのは適度なお金と自己実現です。物質的な豊かさより重視されるのは、自分が自分らしくあることで、自分がなりたい自分になることに最上の幸福を見出します。

今が昭和～平成の時代であれば、「テストで○点を取った」「年収○円になった」「上から○位に入った」「○円の家を買った」「社員が○人の規模になった」という数字が幸福のモノサシになり得たことでしょう。

でも令和の時代の幸福は自分が自分らしくあることで、周囲は関係ありません。まわりはまわりでそれぞれの幸せを目指せばいいし、自分は自分で勝手に自分なりの幸せを目指すのが今風の生き方です。

本書の目的は「経営者のマインドチェンジをうながすこと」で、それは一見マインドチェンジという高いハードルを飛び越えることが目的のように思われるかもしれませんが、しかし実際は違います。

マインドチェンジとは清水の舞台から「エイヤッ！」と飛び降りるような劇的なものではなく、いわば普段のものの見方をちょっと変えるもの、あなたの視線の動きを少しずらす程度のものに過ぎません。

あなたがマインドチェンジすべき尺度は「それは自分らしいのか自分らしくないのか」ということであり、自分らしくない働き方をやめ、自分らしい働き方に切り替えることこそ本書の最も言いたいことになります。

幸せな経営者になるための一番大事な価値観は〝自分らしさ〟に他ならないのです。

MIND
▼
CHANGE
47

社長はスーパーな存在じゃないといけないと思い込んでいないか？

ミッションは〝強さ〟からではなく〝弱さ〟から生まれる

真に幸せな経営というのは、自分らしい生き方を貫きながら、自分が信じるミッションを実現すること――。

それは私自身が痛感した真実でもあります。第3章でお話したように、私は経営者として紆余曲折を経た後に今のコンサルティング業に辿り着き、「幸せな経営者を少しでも多く生み出すこと」を仕事のミッションに挙げています。

私自身、当初はお金や名声に振り回されて自分らしい生き方などまったくできていませんでした。それが社員の離反や大口クライアントの撤退など、幾多の苦難に直面したことで「自分は何のために会社をやっているのか？」という自問自答につながり、「結局、私は自分が大事にしたい人たちを幸せにしたいのだ」という結論に行き着きました。

いくら経営が安定していても、お客様に貢献しているという実感がなければ幸福感なんて感じられないと気づいたのです。

そう考えると、**私がミッション経営という今の境地に辿り着くまでには30年近くの時間がかかった**ことになります。そこにはたくさんの苦難があり、回り道があり、「どうしてもっと早く気づけなかったんだろう？」と思う時もありますが、仕事に対するやりがいや今の生活の充実度を考えると、すべての過程には意味があったと感じます。

私はクライアントにもよく言います。

「失敗することは悪いことじゃないですよ。**失敗することで初めて自分らしさがわかる**ので、貴重な経験をしたんだと思ってください」と。

そう、人はいい時も悪い時も経験することで初めて自分にとって何が幸せなのか理解できるのです。

そこにはまわりの意見や世の中の価値観は関係ありません。あなたの幸せはあなたにしか理解できないし、だからあなたを幸せにするのはあなたしかできない——心からそう思います。


それはミッション経営も同じです。

ミッション経営は自社の〝強み〟を経営の軸に据えて行うものだと思っている方が大半ですが、**ミッションが本来生まれてくるのは〝強さ〟からではなくむしろ〝弱さ〟から**です。正確に言えば〝弱さ〟が反転したものが〝強さ〟になります。

たとえば私の場合、経営者として規模の追求に振り回されたこと、社員の退職で精神を病んだこと……そうした経験があるからこそ、「同じような経営者の人たちを救いたい」というミッションに辿り着いたという側面があります。

もしも私が強い人間で、経営的にも障壁にぶつかることがなかったら、今のようなミッションを自覚することはなかったでしょう。私は自分自身が間違い、傷つき、闇の中で迷子になる弱さがあったからこそ、誰かにそのことを伝えたい、伝えなければならないという強い使命感を得たのです。

つまり言い換えれば、私は昔の自分のような人を救いたいだけなのです。**自分が本当に解決したいと思える問題は、自分自身の過去や経験に紐づいたものでしかない**のです。

そう考えると、自分ができることというのは自分が抱えている感情の中にすべて含まれていると言えます。あなたが苦しいと感じることが解決すべき課題であり、あなたが幸せだと感じることを広く社会に伝えればいいのです。

だから、あなたはもう背伸びをする必要はありません。

ただ、自分らしく。自分を信じて。自分に正直に——。

ありのままの自分でいることが世の中の役に立つって、これほど幸せなことが他にあるでしょうか?

MIND
CHANGE
48

あなたが解決すべき課題はあなたの過去や経験の中に存在するのではないか?

メッセージ❶

自分を大切にして生きることがまわりも幸せにする

最後に改めて、幸せな経営を目指す経営者の方々に、私から3つのメッセージを贈りたいと思います。

最初は「自分を大切にして生きることがまわりも幸せにする」ということです。

私が代表を務める株式会社サンアストの使命は「**スモールグッドカンパニーを生み出す**」ことです。

スモールグッドカンパニーとは規模の拡大を目指すのではなく、事業を通して社会課題の解決に取り組むことを目指し、周囲から信頼と尊敬を集め、かつ同業他社と比べて2倍の生産性を実現している企業を指します。

スモールグッドカンパニーの重要な指標は売り上げの大きさではなく生産性です。生産性の向上に注力することで利益を増やし、それによって企業としての存続性と成長を確保します。そして社会課題の解決に貢献する事業を展開することで、社員はやりがいや幸せを持って働けて、かつ高水準の給与を得られます。

私たちはクライアントがそのような企業に生まれ変わることを全力で支援しています。そしてスモールグッドカンパニーを日本全国に量産することが私たちの挑戦です。

それと同時に、優良企業が互いに成長をうながし合う企業コミュニティの形成も目指しています。

社会が多様化し、技術革新が進む中で、企業単体の力でできることは限りがあります。しかし、優良企業同士が互いにサポートし合えば、一緒になって成長できます。そのようなコミュニティを形成し、広げていきたいと考えています。

これまでの時代は、経済的な格差で勝ち組と負け組が分けられるのが通常でした。今後は「自分を大切にする生き方」をできるかどうかが、勝ち組と負け組の新たな分岐点になると感じています。

自分を大切にすることは、他人を犠牲にすることではなく、自己と他者の幸福を両立させることです。

多くの中小企業経営者、特に**熱心に経営に取り組んでいる人ほど自分を後回しにしがち**です。しかし、それでは真の幸福は得られません。経営者としての我々の役割は、まずは自分自身が幸せになることです。「自分自身を大切にしているか？」「自分を犠牲にしていないか？」今一度あなた自身に問うてみてください。

自己を大切にすることは、自分の心を豊かにします。それは結局、社員や顧客からの信頼と尊敬を集めることにつながります。

幸福は常に自分からはじまるものです。

人は自分が幸せである時、初めて他人の幸せを願うことが可能になります。経営者が自分を大切にする姿勢は、単なる自己満足ではなく、組織全体のモチベーションと生産性を高める土壌を育むことに他なりません。それは最終的に顧客の満足度を引き上げる原動力にもなるでしょう。

まずあなたが感じた幸せが、家族、社員、顧客……と順々に伝播していき、この社会全体、この国全体を明るく、幸せにしていくのです。逆にあなたが「会社のため」「家族のため」といった言い訳で自分を幸福にすることを怠っていると、その不満や鬱憤は世の中に広く流れ出していきます。

自分自身と社員の幸せ、お客様の幸せを実現し、生産性が同業他社の2倍あるスモールグッドカンパニーの仲間に入ってください。

そして一緒に、日本全体を元気にしていきましょう。

MIND
CHANGE
49

自分自身を幸せにしているか？自分自身の不幸でまわりを不幸にしていないか？

メッセージ❷

クオリティタイムで自分の心を整える

2つめに私が言いたいのは「クオリティタイムを持つことを心がけましょう」ということです。

時間を効果的に管理するには、やるべきことを「重要かつ緊急」「重要だが緊急ではない」「緊急だが重要ではない」「緊急でも重要でもない」の4つに分類して整理する方法があります。

自分の信念を見失いがちな経営者は、これらのうち「重要かつ緊急」「緊急かつ重要ではない」タスクばかり追いかけてしまいます。目の前の不安を解消するため、無計画にいろいろなことに手を出してしまうのです。

しかし**経営者の本来の仕事は〝会社の未来〟を作**

■時間管理のマトリックス

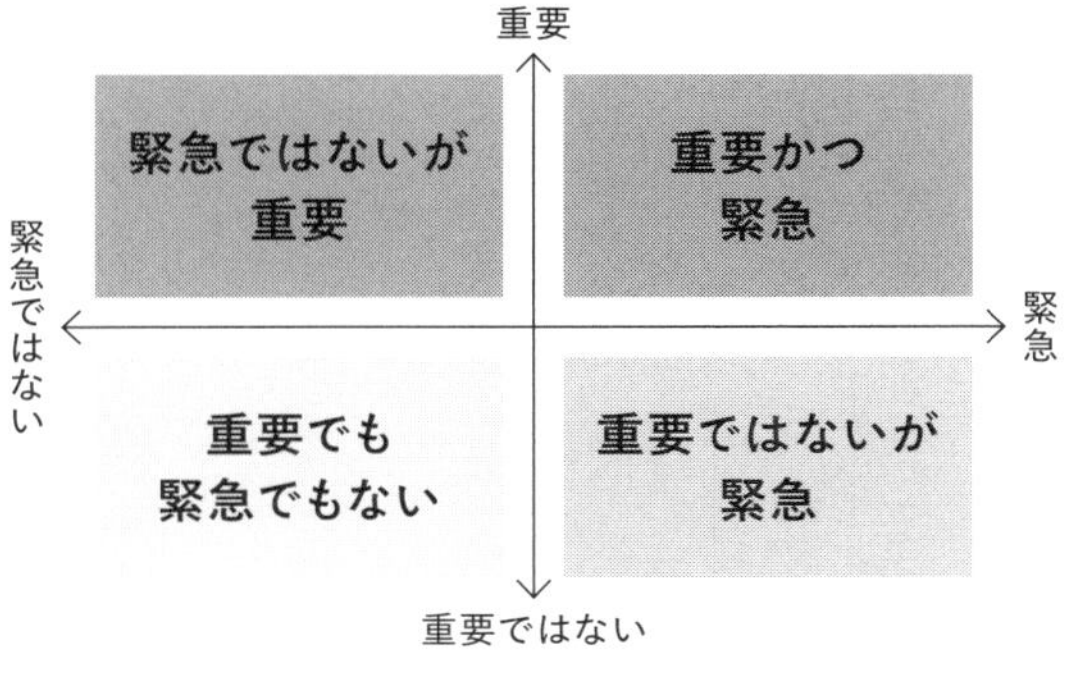

ることです。そのために大切なのは、「重要だが緊急ではない」タスクに時間を投入することです。「重要だが緊急ではない」タスクを考えるには、「クオリティタイム」を確保することが重要です。

クオリティタイムとは、自分にとっての真の幸福とは何か、それを実現するための時間やお金の使い方はどうあるべきか、自社はどのような未来に向かっていくのか……といった本質的事柄を真剣に考える時間です。自分のお気に入りの場所で、自分に向き合いながらじっくり考えることで、正しい意思決定が行えるはずです。

私のクライアントはベテラン経営者が大半を占めます。経営の3つの壁（知識の壁、意識の壁、構造の壁）で言えば、意識の壁や構造の壁に向き合っている人がほとんどです。意識の壁の主な原因は過去の失敗や困難な経験であり、それは経営者のビジョンや意欲を薄れさせます。

だからこそ経営者は、**本来の自分を取り戻すための時間＝クオリティタイムを設ける必要**があります。過去に囚われず、自分が真に必要とすることをもう一度しっかりと思い出さなければなりません。

1人で読書をしたり、じっくりと戦略を考えたりするのもクオリティタイムですが、経営者仲間と語り合うことも貴重な時間です。

私はクライアントのみなさんと年2回、春の沖縄と秋の北海道で合宿を開催しています。「良い発想は移動の距離に比例する」と言われますが、普段自分がいる場所から離れた場所に行くことで、現実から切り離され、新たな視点に気づいたりします。

合宿に参加したみなさんは、気心の知れた仲間と楽しい時間を過ごす機会を通して、「自分が本当にやりたかったことは何か」「やらなくてもいいことは何か」「自社にとっての本当の顧客は誰か」といったことに改めて気づきます。合宿中に自社の経営における重要な意思決定を下される方も数多くいます。

このような経営合宿に参加することも有効ですが、それ以外にも日常の中で自分自身を取り戻すクオリティタイムを意識的に設けるようにしてください。

心地よい環境で過ごすことで頭の中が整理され、自分自身の本来の感情が自然とあふれ出してきます。

「仕事がいっぱいあって忙しいから、ひまになったらクオリティタイムを作ろう」では、いつまでたってもその時間は訪れません。目の前の問題ばかりに頭を使っているようでは、どんどん視座が低くなっていき対処法的経営から抜け出せなくなっていまいます。**まずはスケジュール帳にクオリティタイムを書き込むことからはじめてみては**いかがでしょうか。

MIND
▼
CHANGE
50

「忙しくて時間がない」を言い訳にしていないか？

メッセージ❸

元気な大人が子供たちの希望を生み出す

最後にみなさんに伝えたいのは「未来を担う子供たちに何を遺したいか考えてください」ということです。

私には20歳と11歳の子供がいます。彼らが成長していく未来の世界がどのようなものになるのか、大きな不安を感じています。と同時に、その未来を少しでも明るいものにしていくことが私にとっての課題だと考えています。

2023年、日本は名目GDPでドイツに抜かれ世界4位になりました。数年以内にインドにも抜かれ、5位に転落する可能性も指摘されています。さらなる人口減少も予測される中、停滞から立ち直れない日本の現状を見ると、10年後、20年後は一体どうなっているのか不安を感じてしまいます。

また、世界を見ると、戦争があちこちで勃発するなど不確実性が増しています。**今後、私たちの子供はどのような未来を迎えるのか**。明るい展望を持つことは決して容易ではありません。

このような不確実な未来を生きる子供に対して、親が遺してあげられるものは何でしょうか？　お金も必要かもしれませんが、お金があれば幸せになれるかというとそうではありません。

私はこれまで多くの後継社長をコンサルティングしてきましたが、お金がなかったからこそハングリー精神で成長できた社長や、借金にめげず立派な会社に育てた社長をたくさん知っています。一方、親からたくさんの財産を受け継いだのに、経営に失敗してそれを失ってしまった社長も見てきました。

結局のところ重要なのは、お金やモノではなく、その人自身の心の持ち方です。いつも前向きに、周囲の人々と調和を保ちながら生きていく経営者は必ず成功を手に入れます。

それゆえ、私は**子供の未来のためにもっとも残してあげたいものは、心の持ち方や環境**だと考えています。

本書のテーマは「幸せな経営」ですが、幸せに生きるには感じる力が必要です。日々を楽しむ姿勢や、周りからの信頼・尊敬も欠かせません。

仕事を楽しみ、仕事を通じて周囲から信頼と尊敬を集めることが、幸せな人生を歩むことにつながるのだと思います。そのような心の持ち方を次の世代にも伝えてあげることが大切です。

また、前向きな価値観や思考パターンも伝えたいことのひとつです。

困難な状況に立ち向かうための強さや、他の人々との協力や共感の大切さ、毎日を明るく元気に過ごすこと……そういったことを言葉で伝えるだけでなく、実践して見せることが何よりも重要です。

未来に希望を持つ大人がたくさんいることは、子供たちにとっても希望になります。

将来がどのような環境になるかはわかりませんが、幸せの本質を理解できていれば、どんな時代が訪れても強く生きていけるし、希望を持って生きていけます。

「人の為と書いて偽り」とはよく言ったもので、他人のためだけに人は生きられません。他人のためになりながらも自分のためにもなる、そんなビジネスにたずさわってこそ人は人生の充実感を得られるものです。

そしてそんな経営者を増やし、元気な大人を増やし、日本を活性化することが私の願いです。

今日の決断が、明日の子供たちの世界を形作ります。彼らが見る世界がどのようなものになるかは、私たち大人の選択にかかっています。

私たち経営者には、子供たちが未来に希望を持ち続けられるような社会の土台を築く責任があるのではないでしょうか。

MIND
▼
CHANGE
51

子供たちが暮らす未来の社会のことを考えているか？

おわりに

本書を最後までお読みいただき、本当にありがとうございます。

この本は、「経営者として、そして一人の人として、どうすればもっと幸せになれるのか?」という問いを軸に書き上げました。執筆を通じて改めて思うのは、経営という仕事が決して簡単ではないということ。そして、経営者の皆さんが抱える悩みや葛藤には、どれも深い意味があるということです。皆さんが日々懸命に会社を支え、社員や家族、取引先、お客様の幸せを願いながら奮闘されている姿を思うと、私自身も大きな勇気をもらいました。

この本が完成するまで、多くの方々に支えられました。現場で共に問題解決に取り組んでくださったお客様の存在は、私にとって何よりの財産です。皆さまの挑戦の姿や成功体験が、この本の随所に息づいています。また、本書の制作に携わってくださった編集者やデザイナーの皆さまにも、深く感謝申し上げます。私の考えをわかりやすく形にし、読者の皆さまに伝わるようにと知恵を絞ってくださいました。そのおかげで、ここに一冊の本として完成しました。

そして、私の家族へも心からの感謝を伝えたいと思います。執筆期間中、支えてくれた妻や、私の背中を見守りながら成長している子供たち。私が頑張れるのは2人の子供達の存在があるからです。私にとって家族と過ごす時間が何より幸せな時間です。

本書を通じてお伝えしたいのは、私たちのビジョンです。それは、スモールグッドカンパニーを量産して日本人を元気にすること。スモールグッドカンパニーとは、単に利益を追求するだけではなく、社会性を重視しながら、業界平均の倍以上の生産性を実現する企業のことです。その実現に向けて、私たちは「ミッション経営メソッド」という考え方を中小企業のスタンダードにしたいと願っています。経営者自身が幸せを感じながら会社を運営し、その影響が社員や顧客、さらには社会全体に広がる。そんな会社が一つでも多く生まれることで、日本全体がもっと元気になれると信じています。

本書を手に取ってくださったあなたにも、心からお礼を申し上げます。人生の中で限られた時間を、この本のために使ってくださったことに、感謝の気持ちでいっぱいです。本書を通じて、何か一つでも気づきやヒントを得ていただけたのなら、それ以上の喜びはありません。

経営という旅路は、時に孤独や不安を感じることもあるでしょう。でも、その先には必ず希望があります。社員やお客様、取引先、そして家族。周りの方々と手を取り合い、一歩ずつ進んでいくことで、幸せな未来はきっと形になっていきます。この本がその旅路の一助となれば、これ以上嬉しいことはありません。

最後に、経営者であるあなたが幸せになり、その幸せが周囲の人々へと広がっていくことを心から願っています。私も、これからも皆さまの挑戦を応援し続けます。一緒に、もっと幸せな経営、幸せな人生を目指して歩んでいきましょう。

佐治邦彦

者の10ヶ条

一、幸せな社長はやらない事を決める
不幸な社長はやる事を増やす

一、幸せな社長はある物を最適化する
不幸な社長はない物を追いかける

一、幸せな社長は目的を優先する
不幸な社長は目標を優先する

一、幸せな社長は未来のために時間を使う
不幸な社長は今のために時間を使う

一、幸せな社長は未来の理想にワクワクする
不幸な社長は過去の出来事に囚われる

幸せな経営

一、幸せな社長は生産性と働きがいを追求する
不幸な社長は売上や社員数を追求する

一、幸せな社長は自分をコントロールする
不幸な社長は他人をコントロールする

一、幸せな社長は先手先手で仕事に取り組む
不幸な社長は後手後手で仕事に振り回される

一、幸せな社長はビジョンで社員を動かす
不幸な社長は危機感で社員を動かす

一、幸せな社長は成長を優先する
不幸な社長は成功を優先する

［著者］
佐治邦彦

さじ・くにひこ◎株式会社サンアスト代表取締役。経営戦略コンサルタント。愛知学院大学卒。1990年に株式会社サンアストを設立し、売上3億未満のサービス業を中心にこれまで約34年間で500社以上の企業を支援。ミッション経営という独自のメソッドを開発し、「お金」と「人」の問題を同時に解決する仕組み作りを支援している。世界的なスピーカープレゼンイベント「TEDx」へ出演。ミッション経営メソッドを世界へ向けて配信。過去作は「年商1億社長のためのシンプル経営の極意（商業界）」「頑張らせない経営 社員の「ムリ」「ムラ」「ムダ」をなくして会社を「儲かる体質」に変える3つの方法（standards）」。4番センターで春の甲子園に出場経験あり。

幸せな経営
一世一代のマインドチェンジを実行する

2025年　3月　1日　初版発行

著者　佐治邦彦
発行人　田中朋博
発行所　株式会社ザメディアジョン
〒733-0011 広島市西区横川町2-5-15
TEL 082-503-5035　FAX 082-503-5036

企画・監修　一般財団法人 ブランド・マネージャー認定協会
構成　山本速
編集　清水浩司
デザイン・DTP　向井田創
印刷・製本　株式会社シナノパブリッシングプレス

Printed in Japan
ISBN978-4-86250-822-5